Augustinus

Reihe Campus
Einführungen
Band 1088

Herausgegeben von
Hans-Martin Lohmann (Heidelberg)
Alfred Paffenholz (Bremen)
Willem van Reijen (Utrecht)
Martin Weinmann (Wiesbaden)

Augustinus (354-430 n.Chr.) kommt im Übergang von der Spätantike zum frühen Mittelalter epochenprägende Bedeutung zu. Er hat die christliche Vorgeschichte des neuzeitlichen Denkens maßgeblich beeinflußt.
Deshalb stellt diese Einführung zugleich ein Stück Aufklärung über die »innere Fremde« der Geschichte unseres Denkens dar. Sie zielt weder auf einen überzeitlichen noch auf einen ideengeschichtlich entrückten Augustinus, sondern geht den Spuren nach, die an Augustinus' Denken immer noch reizen. Epochal neu an seinem Werk ist das Bekenntnis der Individualität und Endlichkeit der eigenen Existenz.

Johann Kreuzer ist Oberassistent im Fach Philosophie an der Universität Wuppertal.

Johann Kreuzer

Augustinus

Campus Verlag
Frankfurt/New York

Redaktion: Hans-Martin Lohmann

Die Deutsche Bibliothek – CIP-Einheitsaufnahme

Kreuzer, Johann:
Augustinus / Johann Kreuzer. – Frankfurt/Main ; New York :
Campus, 1995
(Reihe Campus ; Bd. 1088 : Einführungen)
ISBN 3-593-35262-1
NE: GT

Umschlaggestaltung: Atelier Warminski, Büdingen
Satz: Fotosatz L. Huhn, Maintal-Bischofsheim
Druck und Bindung: Friedrich Pustet, Regensburg
Dieses Buch wurde auf säurefreiem und chlorfrei
gebleichtem Papier gedruckt.
Printed in Germany

Inhalt

Siglen

Civ.	De civitate dei
Conf.	Confessiones
En. in Ps.	Enarrationes in Psalmos
Ep.	Epistulae
De lib. arb.	De libero arbitrio
Retract.	Retractationes
Ad Simpl.	De diversis quaestionibus ad Simplicianum
Tract. in Ion.	In Ioannis Evangelium Tractatus
De trin.	De trinitate
De vera rel.	De vera religione
De mus.	De musica
PL	Migne, Patrologiae Cursus Completus, Series Latina, Paris (jeweils mit Bandnummer)
CCL	Corpus Christianorum Series Latina, Turnhout 1954 ff. (jeweils mit Bandnummer)
Aug. Lex.	Augustinus-Lexikon, hg. v. C. Mayer u.a., Basel/Stuttgart 1986 ff. (in Vol. 1, XXVI-XL, komplettes Werkverzeichnis)

Einleitung

Eine Einführung in Augustin ist die Einführung in ein widersprüchsvolles Denken. Es enthält eine in sich antagonistische Vielfalt an Denkmotiven, in der sich die Ursprünge der Geschichte unseres Denkens spiegeln.[1] Insofern stellt eine Einführung in das Denken Augustins eine Einführung in die Geschichte – und in die ›innere‹, vielleicht verdrängte, vielleicht ängstigende oder auch nur gleichgültig bleibende ›Fremde‹ – unseres Denkens dar. Es geht dabei nicht so sehr um den Blick in einen fernen Spiegel entrückter Ideengeschichte. Es ist vielmehr eine Einladung zur Auseinandersetzung mit Fragestellungen, Widersprüchen und Brüchen, die unser Denken bis heute prägen.

Eine Einführung in Augustin ist eine Einführung in eine bestimmte Art, Augustin zu lesen. Die Widersprüchlichkeiten, von denen sein Werk gekennzeichnet ist, lassen sich nicht, um eines monolithischen ›Gesamtbildes‹ willen, glätten. Sie zeigen die Verschiedenheit der Ausgangspunkte ›christlichen Denkens‹. Augustins Werk dokumentiert die Denkmodelle und -alternativen jenes soziokulturellen Übergangs, den er mitgeprägt hat. In gewisser Hinsicht ist sein Werk der Ausdruck des Nicht-Gelingens und Nicht-Gelingen-Könnens einer ›Synthese‹ dieser Modelle. In seinem Werk etwas über die Verwerfungen und Disharmonien in den Ursprüngen unseres Denkens und seiner Geschichte zu erfahren, mag dabei von Interesse sein. Es geht um keine

›Aktualisierung‹, sondern um Bruchstücke, die es zu deuten gilt. Die folgende Einführung konzentriert sich auf die Impulse im Denken Augustins, die oft im direkten Widerspruch zu Dogmen stehen, die mit seinem Namen verbunden und traditionsmächtig geworden sind. *Denkmotive – Fragen,* die immer noch reizen – gilt es vor manchen Antworten – ›Denkverboten‹ – zu schützen. So wird, um einen Punkt zu nennen, in der Bildung eines Gegensatzes zwischen Immanenz (›Diesseitigkeit‹) und Transzendenz (›Jenseitigkeit‹) *nicht* das Spezifikum von Augustins Gotteslehre gesehen – auch wenn gerade Augustin zur Tradition dieses Gegensatzes in der Übernahme (und Vergröberung) neuplatonischen Transzendenzdenkens beigetragen hat. Nicht erst Nietzsche *(Jenseits von Gut und Böse,* Vorrede), schon Augustin selbst bezeichnet das Christentum als ›Platonismus fürs Volk‹, wenn er sagt, daß nur ›wenige Wörter verändert‹ werden müßten, um zur Übereinstimmung zwischen Platonismus und Christentum zu gelangen (De vera rel. 4, 7).

Nötig ist ein Perspektivismus der Deutung. Ihm soll die Einzelinterpretation ausgewählter Texte entsprechen.

Kap. 1 (»Ausgangspunkte«), in dem die Frühschriften Augustins (bis 396) thematisch sind, beschreibt die anfänglichen Einflüsse. Beeinflußt ist Augustins Werk vor allem von der Stoa, vom Manichäismus und vom Neuplatonismus (Plotins). Augustins Denken ist anfänglich eine Verschmelzung dieser Motive: ›innerweltliche Skepsis, manichäischer Dualismus, Denken der Transzendenz‹. Der erste Schritt über diese Endpunkte spätantiken Denkens hinaus ist in philosophischer Hinsicht skandalös, geschichtlich jedoch wirkmächtig gewesen. Es handelt sich um die Theologumena der Erbsünden-, Prädestinations- und Gnadenlehre, die eine ›Logik der Angst und des Schreckens‹ enthalten (Kap. 2). In ihrem Kern ist diese Logik des Schreckens die christliche Fassung eines manichäischen Dualismus. Traditionsmächtig geblieben und philosophisch relevant sind die Analysen und Einsichten, die Augustin trotz dieses ›dunklen

Zugs‹ seiner Gnadenlehre in seinen Hauptwerken erarbeitet hat. Sie sollen im Zentrum der geplanten Einführung stehen. Es sind dies die *Confessiones* (Kap. 3) – das am stärksten rezipierte –, *De trinitate* (Kap. 4) – das theoretisch bedeutsamste – und *De civitate dei* (Kap. 5) – das für ein Geschichtsdenken wirkmächtigste Werk Augustins. Mit den *Confessiones* versucht Augustin, die ca. 396 konzipierte Gnadenlehre literarisch umzusetzen. Doch läßt sich das nicht nur auf den ersten Blick abschreckende Theorem von ›Schuld und Gnade‹ auch als eine Form des Denkens von Selbstverschuldung verstehen (vgl. Kap. 3.1). Das Bekenntnis von Schuld und Gnade ist eine Form des Denkens der Erinnerung. Dieses ›Denken der Erinnerung‹ ist das Thema der *Confessiones,* mit denen Augustin das ›individuum ineffabile‹ mit seiner – wie fragilen auch immer – Geschichte in epochal neuer Weise zur Sprache bringt. Gotteserkenntnis ist Erkenntnis und Selbstgegenwärtigkeit des Erinnerungsvermögens. Daß uns dieser Grund der Erinnerung an der ›Schönheit‹ – der »pulchritudo tam antiqua et nova« (Conf. X, 27, 38) – als Gotteserkenntnis bewußt wird, ist das singuläre ›Bekenntnis‹ der *Confessiones* (vgl. Kap. 3.2). Es ist eine ›erinnerte‹ Schönheit – nicht ein ›Inwendigkeitsprinzip‹, das zum Grund ›liebender Erinnerung‹ wird. Der ›Grund liebender Erinnerung‹ ist der Augenblick der Ewigkeit in der Zeit.[2] Aus diesem Augenblick der Ewigkeit in der Zeit her konstituiert sich Augustins – gerade in diesem Jahrhundert vielfältig rezipiertes – Denken und seine Explikation der ›Zeit‹ (3.3). *De trinitate,* Augustins theoretisches Hauptwerk, ist der Versuch einer ›rationalen Rekonstruktion‹ des biblischen Mythos Trinität. Seine spekulative Erläuterung bildet eine Konstante in Augustins Werk (vgl. Kap. 4.1). Das Denken der Trinität entfaltet diese zu einer Theorie des Geistes. Insbesondere in den Büchern 9, 10 und 11 von *De trinitate* wird eine Theorie des Geistes durch eine Bewußtseinsanalyse erarbeitet (vgl. Kap. 4.2). Es ist eine Theorie der ›Relationalität‹ und ›Intentionalität‹ unserer Bewußtseinsakte. Neben ›Relationalität‹ und ›Intentionalität‹ entdeckt Augustin, um der rationalen Rekonstruktion des als Trinität Gedachten willen, schließlich die ›Sprachlichkeit‹, d.h. Sprachgebundenheit des Geistes (4.3). Seine Lehre vom ›inneren Wort‹ (De trin. Buch XV) ist eine der Grundlagen der das Sprachdenken bis in die Neuzeit bestimmenden ›Logosmetaphysik‹. Denken der Trinität erweist sich als trinitarische Selbstreflexion des Geistes, durch die wir uns des Grundes des Bewußtseins in der Analyse seiner Tätigkeit zu vergewissern streben. An *De civitate dei* vor allem wird deutlich, wie sich durch Augustins Denken eine Vielzahl von äußerst heterogenen Denkmotiven und Denkmodellen zieht. Die Rede von der *civitas dei* zielt auf eine ›Apologie des Christlichen‹ (vgl. Kap. 5.1). Die in sich mehrdeutige Apologie einer christlichen ›civitas‹ führt auf einen in sich mehrdeutigen Dualismus der Geschichtsbetrachtung (5.2). Zum einen ist der Geschichtsdualismus der beiden (vollkommen der Prädestination unterliegend gedachten) ›civitates‹ in *De civitate dei* die endgültige Reprise des manichäischen Denkens aus der Jugendzeit Augustins. Zum anderen aber ist dieser Dualismus – sofern er nicht in konventioneller Weise als ein überzeitliches Modell von Geschichte verstanden wird – sozusagen die methodische Anweisung verweigerter Affirmation in der Betrachtung des realen Verlaufs von Geschichte. Das gleiche gilt für Augustins Auffassungsweise ihres ›Endes‹. Dieser ›siebte Tag‹ läßt sich konventionell eschatologisch verstehen. Er deutet dann auf ein Heilsgeschehen, das nach dieser Welt und Geschichte auf diese folgt. *Oder* es wird der ›siebte Tag‹ verstanden als ›innerweltliches Eschaton‹: als Aufhebung der Aporie des Geschichtlichen, die sich in der Sphäre von Geschichte selbst – das gedachte Futurum des Endes der Geschichte vorwegnehmend – erfüllt (5.3).

Im abschließenden Kapitel (»Stichworte zur Fortwirkung«) geht es weder um die Geschichte eines ›Augustinismus‹ noch um Systematisierungen seiner ›Lehre‹.[3] Hingewiesen werden soll vielmehr auf Einsichten und Theoreme, die das Werk Augustins zum produktiven Ort der Unruhe in der Geschichte des Denkens haben werden lassen. Es sind dies Fragen, die bis heute – nicht nur seine berühmte nach der ›Zeit‹ – ›reizen‹, und Denkanstöße, die entgegen von Augustin selbst geprägten Dogmen aufgenommen und tradiert worden sind. Zunächst ist dies Augustins – entgegen manchem ›dunklen Zug‹ und den vielen manichäischen Verhärtungen in seinem Denken – sozusagen methodisches Postulat der *Rationalität.* Auf Augustins »fides quaerens intellectum« wird sich Anselm von Canterbury berufen. Zweitens hat Augustins *Trinitätslehre* – im Postulat des »fides quaerens intellectum« gründend – das Denken bestimmt. Denken der Trinität ist die Selbstreflexion von Natur als ›Schöpfung‹. Es ist der methodische Widerspruch zu einer Substanzontologie. Denken der Trinität ist ein Denken von Vermittlung, die jede (personale) Gottesvorstellung destruiert. Die Konsequenz aus diesem ›trinitarischen Grundgedanken‹ wird am deutlichsten Johannes Scottus Eriugena ziehen. ›Schöpfung‹ ist zu denken als Natur, die Relationalität bedeutet. Drittens ist Augustin eine der entscheidenden Quellen des Denkens, für das sich die Bezeichnung mittelalterliche *›Mystik‹* eingebürgert hat. Seine Analyse der Erinnerung ist der Ausgangspunkt der Lehre von der ›Gottesgeburt in der Seele des Menschen‹ bei Meister Eckhart und Tauler geworden. Die Quelle für diese ›taghelle Mystik‹ nicht des ›Aufstiegs‹ – die sich auch findet – zu einem transrational Einen, sondern der Rückkehr zur eigenen Endlichkeit ist Augustin. Das gilt auch für das Denkmotiv *›präsentischer Eschatologie‹.* Relevant ist schließlich viertens Augustins *Geschichtsdenken.* Es ist zum Gegenstand produktiver Auseinandersetzung geworden durch die Einsicht in die Einmaligkeit und Unwiederholbarkeit des Geschichtlichen. Das gilt nicht nur für ›die Geschichte‹, sondern auch und gerade für eine jede individuelle Lebensgeschichte: als Einsicht in die Unwiederbringlichkeit gelebter Existenz, die sich durch intellegible Konstruktionen weder ersetzen läßt noch durch sie ›gerechtfertigt‹ werden müßte. Diese ›Unruhe des Herzens‹ zittert durch die Synthesen hindurch, durch die Augustin sie zu schlichten suchte, fort. Die augustinische Spielart des Platonismus gehört in die Geschichte negativer Theologie und Dialektik. Es finden sich bei Augustin irritierende Ansätze eines ›umgedrehten Platonismus‹. Das aber führt an die Grenzen einer Einführung in sein Denken.

1. Ausgangspunkte

Die frühen Texte Augustins repräsentieren eine Dekade des Übergangs. Die nach der ersten religiösen Krise bzw. ›Bekehrung‹ (ca. 386) entstandenen Texte sind ein Gemisch spätantiker Lehren – geprägt von Transzendenzsucht etwa und einem aus der geschichtlichen Existenz hinausweisenden Weisheitsideal. Sie erweisen sich als ein, wenn man so will, Eklektizismus, in dem stoische Skepsis, der Neuplatonismus Plotins und manichäisches Denken die entscheidenden Einflüsse darstellen. Die Phase zwischen der ›Bekehrung‹ und der zweiten religiösen Krise (ca. 396/97) ist eine Auseinandersetzung mit diesen Einflüssen. Dabei steht die Kritik bzw. Abwehr des eigenen Manichäismus der Jugendzeit, d.h. die Kritik eines radikalen Dualismus manichäischer Art im Mittelpunkt. In dieser Kritik an einem manichäischen Dualismus sollen ›Platonismus‹ und Christentum in Einklang gebracht werden. Deren harmonisch gedachtes Ineinander – das Christentum verstanden als ›Platonismus fürs Volk‹ (vgl. De vera rel. 4,7) – wird erst nach der Krise 396/97 fragwürdig. Allerdings bleibt das Ineinander von ›Platonismus‹ – bei aller Kritik an ›den Philosophen‹ – und Christentum eine bestimmende Konstante in Augustins Werk. Bei allen Brüchen bleibt ein Leitmotiv, daß ›Philosophie als Studium der Weisheit und Religion nicht verschieden seien‹: »Non aliam esse philosophiam, id est studium sapientiae, et aliam religionem.« (De vera rel. 5, 8) ›Jeder Philosoph sei ein

Liebhaber Gottes‹, schreibt Augustin im achten Buch von *De civitate dei* unter Berufung auf Platon: »verus philosophus est amator dei.« (Civ. 8, 1; 8)

Die erste ›Wende‹ in Augustins Entwicklung geht auf die Lektüre des (nicht erhaltenen) *Hortensius* von Cicero zurück. Augustin bekennt, daß diese – in der Tradition von Platons *Euthydemos* und des (wie der *Hortensius* nicht erhaltenen) *Protreptikos* von Aristoteles – zur Philosophie werbende Schrift in ihm die ›Liebe zur Weisheit‹ entzündet habe. ›Philosophie‹ wird zum Namen für den Wunsch nach ›unvergänglicher Weisheit‹, zum Inbegriff einer Lehre der ›Rückkehr zu Gott‹, die in der ›Abwendung von allem Irdischen und Veränderlichen‹ das ›glückselige Leben‹ bedeute. (Vgl. Conf. III, 4, 7-8; De beata vita 1, 1-5, insbes. 1, 4) Dies – ebenso wie die Formel, daß das ›glückselige Leben‹ im Erreichen eines ›höchsten Guts‹ und in der Vereinigung mit ihm sich erfülle, oder wie die Definition, daß ›Weisheit‹ sich im Wissen der ›göttlichen und menschlichen Dinge‹ zeige – sind wenig originelle Versatzstücke hellenistischen Denkens. Für den frühen Augustin vor der Krise 396/97 scheint sich dieses spätantike Weisheitsideal bruchlos mit der eigenen, geschichtlichen Existenz zusammenzufügen. Die ›Welt‹ ist – um in der Bildersprache der frühen Dialoge zu bleiben – das ›trügerische Meer‹, dem Philosophie als der ›sichere Hafen‹ gegenübergestellt wird. ›Glück‹ schließlich sei das Festland, zu dem es, in Abkehr von dieser Welt, zurückzukehren gelte. Dieses Weisheits- und Lebensführungsideal, in dem spätantike Philosopheme und Christentum im Postulat der ›Abkehr von dieser Welt‹ harmonisiert werden, war für Augustin selbst nicht die unmittelbare Folge der Lektüre von Ciceros *Hortensius.* Es folgte vielmehr eine Phase des Manichäismus, die sich vom 19. bis zum 28. Lebensjahr erstreckte. (Vgl. Conf. III, 6, 10; 11, 20; IV, 1, 1; V, 6, 10) Das Motiv dieser manichäischen Kehre ist das Faktum des *malum.* Ein ›Weisheitsideal‹, das die Faktizität des Bösen oder Schlechten, des Unglücks leugnet, ist trügerisch. Läßt es sich – das ›Woher des Übels‹ – ›erklären‹?

Die Frage des *unde malum* läßt sich auf zwei verschiedene Weisen stellen. Augustin fragt anfänglich – und der Manichäismus wird ihm zur Antwort – nach einem eigenständigen Grund des Bösen, nach einer *causa mali.* Was er sucht, ist eine Antwort auf die Frage nach der Ursache innergeschichtlicher Entzweiung (Disharmonie und Scheitern). ›Manichäisch‹ ist es, die Frage nach dem Grund von Entzweiung dadurch zu beantworten, daß man ›Entzweiung‹ selbst zu einem übergeschichtlichen Prinzip macht. Augustin erteilt jedem Versuch, die Frage nach dem ›Woher des Bösen‹ prinzipientheoretisch – es selbst somit ontologisierend – zu beantworten, im Rückblick auf seinen Manichäismus folgende Mahnung: ›Ich fragte, woher das Böse sei, und fragte schlecht und sah in dieser meiner Nachforschung selbst nicht das Üble‹: »Et quaerebam, unde malum, et male quaerebam et in ipsa inquisitione non videbam matum.« (Conf. VII, 5, 7)

Die Antwort, die Augustin am Manichäismus anzieht, ist ein Dualismus von ›Geist-Licht-Gutem‹ auf der einen und ›Materie-Finsternis-Bösem‹ auf der anderen Seite. Dualismus wird zur Welterklärung, die der Welt der Verdammung die Hoffnung der Rettung entgegensetzt. Nicht um eine Erlösung der Welt geht es – weil sie prinzipiell verdammt und ›böse‹ ist, wird ihr jede Möglichkeit der Veränderung abgesprochen –, sondern um eine ›Erlösung von Welt‹. Die Aufspaltung zwischen Verdammung und Rettung selbst ist dualistisch. Psychische Entlastung ist die Funktion sowohl des als Welt vorgestellten wie des innerseelisch angenommenen Dualismus. ›Nicht wir seien es, die Verantwortung für das eigene Tun trügen‹, schreibt Augustin im Rückblick, nicht wir seien es, die Schuld trügen, sondern ›es sündige eine andere, unbekannte Natur in uns‹. (Conf. V, 10, 18) Diese Aufspaltung der Seele gewährt die Möglichkeit sich selbst zu entschuldigen (»excusare se«), um eine unbekannte Instanz anzuklagen (»accusare nescio quid aliud«). Wird die Seele zum Ort des Kampfes zwischen einem guten und einem bösen Prinzip, bedarf es des Bekennens des eigenen Tuns und zum eigenen Tun nicht. Der Theoremkomplex von ›Erbsünde, Prädestination und Gnade‹ wird diese die Seele zugleich be- und entlastende manichäische Bewußtseinsspaltung durch eine andere ersetzen.

Der Manichäismus Augustins ist ein Prinzipiendualismus ontologischer, kosmologischer und psychologischer Art. Was drückt sich in den pathologisch anmutenden ›Fabelgeschichten‹, die in De vera rel. 9, 16 rekapituliert werden und in denen einer in ›Gut und Böse‹ unterteilten Welt ›Rettung‹ konterkariert wird, aus? An einem Bericht im fünften Buch der *Confessiones* wird deutlich, was Augustin an dem Prinzipiendualismus, von dem die manichäischen Lehren Ausdruck sind, anzog. Er stellt eine kosmische Projektion der Angst dar. Er habe daran geglaubt, daß auch ›das Böse ein substantielles Sein habe‹, das als Erde das überall Drohende und von überall her Bedrückende und Beengende, d.h. Beängstigende ist. Der Dualismus manichäischer Lehren ›erklärt‹ Angst, indem er sie zum kosmischen Prinzip macht. Aus einer solchen Welt, die als geschlossenes System des Kampfes zweier Prinzipien verstanden wird, läßt sich nur ›fliehen‹.

In einem Prinzipiendualismus manichäischer Art ist für die Freiheit des Willens kein Platz. Welt wird zur Phantasmagorie der Angst, in der jede geschichtliche Existenz nicht mehr als den Schauplatz des Kampfes zweier Prinzipien bedeutet. Augustin argumentiert gegen die manichäische Prinzipiendualistik damit, daß nicht ›es‹ es ist, was das menschliche Tun übermächtigt. Er betont, daß jedes Tun in der Selbstverantwortung der Willensfreiheit gründet. Jedes Tun ist ›Produkt‹, nicht Schicksal. Es ist die Freiheit des Willens, die Augustin gegen den manichäischen Dualismus wendet. Das Faktum des Übels – des »defectus«, der ›Sünde‹ genannt wird – ›beweist‹, und dies ist der Kernpunkt von Augustins

Argument gegen die Manichäer, die Wirklichkeit des freien Willens. ›Die Sünde ist so sehr ein freigewollt Böses, daß auf keine Weise Sünde wäre, wäre sie nicht freiwillig. Deshalb ist entweder zu verneinen, daß es Sünde gibt, oder man muß bekennen, daß sie freiwillig geschieht. Mit Wille wird gesündigt. Und da kein Zweifel besteht, daß gesündigt wird, ist nicht daran zu zweifeln, daß die Seelen freie Willensentscheidung haben.‹ (De vera rel. 14, 27) Das Faktum des Übels ist weder zu begründen noch zu rechtfertigen. Es hat keinen ontologischen oder prinzipientheoretischen Grund, als dessen unveränderliche Strafe Geschichte zu denken ist. Das Faktum des Übels ist hervorgebracht. Es ist nicht ›der Defekt Geschichte‹, sondern geschichtliches Fakt. Aus der Willensfreiheit resultiert eine Verantwortlichkeit für das eigene Tun. Die Frage nach dem ›Woher des Übels‹ weist auf die lebensgeschichtliche und lebensweltliche Verantwortung für das, was prinzipienlogisch als Schöpfung gedacht wird und als Geschichte keineswegs ›verdammt‹ ist, zurück. Die Bedeutung, die dem Theorem der Willensfreiheit, das Augustin gegen die Manichäer kehrt, zukommt, ist die einer radikalen Kritik dualistischer Denkweisen, die die Welt der Geschichte quasi negativ rechtfertigen.[4]

Neben der Betonung der Willensfreiheit spielt in der Überwindung des Manichäismus die Abkehr von einer ›Vorstellung‹ Gottes die entscheidende Rolle. Nicht ›draußen‹ ist Gott zu suchen, sondern ›drinnen‹ zu finden – »Noli foras ire, in te ipsum redi, in interiore homine habitat veritas«: ›Geh nicht nach draußen, kehre zu dir selbst zurück, im inneren Menschen wohnt die Wahrheit‹. (De vera rel. 39, 72) Dies vielzitierte Prinzip der Inwendigkeit ist aber nicht – zumindest nicht nur – eine Aufforderung zu welt- und geschichtsentrückter ›Innerlichkeit‹. Es ist vielmehr das gleichsam methodische Postulat der Abkehr von kosmologischen oder ontologischen (und letztlich personalen) Gottesvorstellungen. Der nächste Schritt auf diesem Weg ist das Denken Gottes, wie es sich in Augustins Rezeption des Neuplatonismus zeigt. Auf zwei Aspekte, die mit der Abkehr Augustins vom Manichäismus und seiner Hinwendung zur neuplatonischen Philosophie – zu den »libri Platonicorum«, in erster Linie Plotin (ca. 205-270) in der Übersetzung von Marius-Victorinus (4. Jahrh., gest. vor 386) und Porphyrios (234-301/05) – einhergehen, ist noch hinzuweisen. Die Geschichten des Alten Testaments, die Schriften des ›jüdischen Gesetzes und der Propheten‹, scheinen Augustin nun nicht mehr ›absurd‹. (Vgl. Conf. VI, 4, 6) Er trennt nicht mehr zwischen einem ›jüdischen‹ und einem ›christlichen‹ Teil der Bibel und beginnt, den biblischen Text allegorisch zu lesen und zu deuten. Insbesondere dem Buch Genesis gilt sein Interesse. An die in ihrem Kern immer dualistisch bleiben müssende – anthropomorphe, demiurgische, kosmologische oder sonstige – Vorstellung eines Gottes, der choristisch einer ›Schöpfung‹ gegenübersteht, die bloße Welt der Erscheinung ist, tritt das Denken eines Zusammenhangs von ›Prinzip‹ und ›Erscheinung‹, ›Grund‹ und ›Wirkung‹. Das den biblischen Mythos erklären wollende Denken von Trinität als ›Selbstbeziehung‹ führt zu einer dynamischen Relation zwischen der schöpferisch gedachten Ewigkeit und ihrer Erscheinung, der Zeit nicht mehr unwesentlich ist. Wohl ist das ›göttlich Eine‹ unveränderlich gegenüber dem ›geschichtlich Veränderlichen‹. Das betont Augustin gewissermaßen selbstverständlich in *De vera religione,* der Schrift, mit der er, um den manichäischen Dualismus zu überwinden, Plotin am nächsten steht. Das ›göttlich Eine‹ ist aber schöpferisch erst und nur in Beziehung auf das Veränderliche. ›Einheit‹ ist das Denken von Beziehung. Das Denken von Beziehung ist die Lehre der Trinität. Der zweite Aspekt betrifft das Denken ›schöpferischer Einheit‹. Nicht gehören ›Einheit‹ und ›Rationalität des Geistes‹ auf die eine und ›Entzweiung‹ und ›Irrationalität des Lebendigen‹ auf die andere Seite. Auf seine manichäischen Denkschritte zurückblickend schreibt Augustin, daß er in der ›Tugend den Frieden liebte, den Konsens, im Laster hingegen die Zwietracht, den Dissens‹. In jener habe er ›Einheit‹, in diesem ›Entzweiung‹ gesehen. In Einheit und Rationalität schien ihm die ›Natur der Wahrheit und des höchsten Guts‹ zu bestehen im Unterschied zur ›Entzweiung des unvernünftigen Lebens‹. Das Leben wäre so das Übel der Entzweiung im Gegensatz zur ›Einheit‹ des Intelligiblen. (Vgl. Conf. IV, 15, 24) Der ›Fehler‹, den Augustin an sich kritisiert, besteht darin, daß er Entzweiung selbst zu einem Prinzip erhob, wenn er ›Einheit‹ als Gegensatz von ›Entzweiung‹ dachte. Es kommt offenkundig darauf an, Einheit *(unitas)* zu denken als etwas, was in Entzweiung *(divisio)* wirklich ist. ›Einheit‹ läßt sich nicht denken wie eine ›Substanz‹, die Eigenschaften hätte, die ihr selbst gleichgültig oder äußerlich sind. Wirkliche Einheit, schöpferisch gedacht, *ist* vielmehr ihre Eigenschaften. Damit ist der manichäische Prinzipiendualismus überwunden. In der Rezeption der neuplatonischen Einheitsmetaphysik Plotins tritt an seine Stelle ein Prinzipienmonismus. Die Einheit von Entzweiung und Einheit ist die Erscheinungsweise schöpferischer Natur. An die Stelle der Frage nach einer Ursache des Bösen tritt die Einsicht, daß Übereinstimmung (convenientia) die Erscheinungsweise von ›Einheit‹ ist – und dies die Übereinstimmung von in sich Verschiedenem bedeutet. An die Stelle des manichäischen Blicks auf eine ›böse‹ und zu verdammende bzw. zu fliehende Welt tritt ein gleichsam ästhetisch-harmonisierender Blick, der das *malum* als Unebenmäßigkeit *(iniquitas)* im ›Universum‹ der Kreatur, das vom ›Einen‹ seinen Namen hat, erklärt und ›rechtfertigt‹. Das malum ist nicht Prinzip, sondern Produkt menschlichen Tuns. Der manichäische Dualismus ist damit abgelöst. Er wird durch den neuplatonischen Gegensatz von Intelligiblem und Sinnlichem ersetzt.

Es ist die ›ratio‹, aufgrund derer sich Augustin von den Manichäern, die seine rationalen Einwände nicht auszuräumen vermögen, abkehrt. Es ist ein – das Wort sei erlaubt – aufklärerisches Moment in der Betrachtung des ›Weltkörpers‹ und der ganzen, unseren Sinnen zugänglichen Natur, das die spätantiken ›Machwerke‹ und ›Einbildungen‹, in denen gnostische Erlösungslehren von Welt mit krud-materialistischen Bildern einhergehen, zugrundegehen läßt. Einleuchtender scheint Augustin, was er als die skeptische Haltung der Akademiker bezeichnet. Sie läßt sich in dem Imperativ zusammenfassen, auf Grund dessen sich die Loslösung von Vorstellungen der der sichtbaren Welt zugrundeliegenden und sie prinzipiell bestimmenden ›Hinterwelten‹ vollzieht. Es ist der Imperativ, daß ›an allem zu zweifeln ist‹: »de omnibus dubitandum est.« (Vgl. Conf. V, 10, 19; 14, 25) In diesem Zweifel geht die Vorstellung eines die Welt und die Geschichte ›eigentlich‹ bestimmenden Dualismus zugrunde. An die Stelle solcher Eigentlichkeiten tritt allseitiger und jederzeitiger Zweifel. Augustin folgert aus dem Postulat des ›Zweifels an allem‹, daß das Faktum des Zweifels zumindest eine Gewißheit nicht nur nicht bestreitet, sondern geradezu belegt: die der eigenen Existenz. Daß an allem zu zweifeln ist, setzt zweifellos die eigene Existenz voraus. ›Dubito ergo sum‹, könnte man sagen.[5] ›Zweifeln‹ setzt voraus (d.h. kann nicht gedacht werden ohne) ›zu sein‹. Dies Sein selbst wiederum setzt voraus ›zu leben‹. Die Erkenntnis dieser Bedingungen der Möglichkeit des Zweifelns ist ›Einsicht‹. Die ›Einsicht‹ in das eigene ›Sein‹ und ›Leben‹ führt als unhintergehbare Voraussetzung des Zweifelns selbst auf eine Gewißheit, die sich im Akt des Zweifels immer von neuem belegt. Die Zusammengehörigkeit von ›Sein, Leben und Einsicht‹ – ›Einsicht‹ ist nur möglich, insofern ›ich bin und lebe‹, ›Sein und Leben‹ sind nur, insofern ich sie ›einsehe‹ (usw.) – wird Augustins ›Gewißheitsargument‹, das seinem ›Gottesbeweis‹ zugrundeliegt. (Vgl. De lib. arb. II, 3, 7) Der Einwand gegen die Skepsis ist eine Anwendung des Postulats, daß an allem zu zweifeln ist, auf sich selbst. Es ist, mit Hegel zu reden, ein sich selbst vollbringender Skeptizismus. Augustin hat an seinem ›Gewißheitsargument‹ festgehalten und es verschiedene Male wiederholt. ›Wer würde bezweifeln, daß er lebt und sich erinnert und einsieht und will und denkt und weiß und urteilt? Auch wenn man zweifelt, lebt man; wenn man zweifelt, erinnert man sich, warum man zweifelt (und) sieht ein, daß man zweifelt (und) will gewiß sein (und) denkt (und) weiß, daß man nicht weiß (und) urteilt, daß man nicht voreilig zustimmen darf. Wenn man also an all dem zweifelt, so darf man nicht daran zweifeln, daß man nicht zweifeln könnte, wenn es all das nicht gäbe‹, heißt es in *De trinitate* (X, 10, 14). Augustin setzt dem skeptischen Hauptargument – daß wir jederzeit keine Gewißheit haben, uns nicht zu täuschen – keine Gewißheitsbehauptung entgegen. Er betrachtet es vielmehr als ein Denkprodukt und prüft dessen Voraussetzungen. ›Sein‹ (im Sinne von: ›zu sein‹) ist die unhintergehbare Voraussetzung, die einzige Gewißheit, die sich im Faktum des Zweifels und gerade in der Möglichkeit der Täuschung bezeugt: ›Wenn ich mich täusche, bin ich‹ – »Si enim fallor, sum«, heißt es in *De civitate dei.* (Civ. 11, 26) Aus dem Nachdenken des ›Si enim fallor, sum‹ ergibt sich die selbstbezügliche Struktur von ›Sein, Wissen und Lieben‹. ›Ich weiß, daß ich bin, wenn ich mich täusche.‹ Und die Liebe zu diesem Wissen (um die Täuschung) und zu dem Sein, das darin präsent und lebendig ist, das Wollen des Wissens und der eigenen Existenz, ist das, was sich im Denken, was sich als die Einsicht des Denkens, ›jedesmal‹ vollzieht.

Das gegen die Skepsis der Akademiker gerichtete ›Dubito ergo sum‹ ist ein weiterer Schritt Augustins auf dem Weg des Denkens desjenigen, was gedacht wird, wenn desjenigen gedacht wird, was er als das ›glückselige Leben‹ definiert: ›Gott‹. (Vgl. De lib. arb. II, 16, 41; Conf. X, 20, 29) Noch in *De civitate dei* wird es heißen, daß Gott, das ›glückselige Leben des Menschen‹, der einzige Grund des Philosophierens sei. (Civ. 19, 1/26) Es ist eine Umkehr des Denkens zum Denken seiner selbst. Eine Umkehr nach ›innen‹. Diese Umkehr des Denkens zum Denken seiner selbst drückt sich in dem bereits zitierten Satz ›Geh nicht nach draußen, kehr in dich selbst zurück! Im inneren Menschen wohnt die Wahrheit‹ aus. (De vera rel. 39, 72) *De vera religione* ist eine Werbeschrift gegen die Manichäer. In ihr nennt Augustin die wichtigsten Argumente gegen den Prinzipiendualismus, der ihn bei den Manichäern als ›Welterklärung‹ gleichwohl angezogen hatte. Zusammengefaßt lauten sie. 1) Die Menschen sind mit ihrer Geschichte kein Spielball, Welt ist nicht der Schauplatz eingebildeter (intelligibler) ›Mächte‹. Sie haben die Freiheit des Willens und Verantwortlichkeit für ihr Tun. Die Tatsache des scheiternden freien Willens ist kein Ausdruck eines Prinzips. In der Faktizität auch und gerade des Scheiterns, des zum Unglück sich wendenden Handelns beweist sich via negationis die Freiheit des Willens. 2) Das ›malum‹ ist kein Prinzip eigener Art. An die Stelle der prinzipientheoretischen Konstruktion eines ›substantiell Bösen‹ tritt die neuplatonische ›Privationsthese‹ bezüglich des malum. Es ist ›Mangel und Beraubung des Guten‹. Das *malum* ist nicht mehr als *defectus.* Es ist der ›Schaden‹ freiwilliger Abkehr – und wird zur Erfahrung von ›Strafe‹, die im Unglück und in ›Mühen‹ besteht. (De vera rel. 40, 76) 3) ›Im Ganzen betrachtet ist das Universum des Geschöpflichen schön.‹ Das ist die Abkehr von der manichäischen Verdammung dieser sichtbaren Welt. Weil ihm vieles mißfallen habe, habe er zwei Prinzipien – ein gutes und ein böses – seine Vorstellung von Welt bestimmen lassen. Die erfahrene Disharmonie des Schlechten war für Augustin der Grund dafür, die sinnenfällige Welt zu verdammen. Einheitsmetaphysisch denkt er sie in Harmonie. Die Welt des geschöpflich Erscheinenden ist als Überein-, als Zusammenstimmung von Verschiedenem Ausdruck eines göttlich Einen. Sofern sich die Dinge der sinnenfälligen Welt als Erscheinung dieses ›unum principale‹ (vgl. De vera rel. 43, 81) verstehen lassen, sind sie nicht – oder vielleicht genauer gesagt: nicht nur – ›radikal schlecht‹. 4) Augustin bringt in *De vera religione* ›Platonismus‹ und christliche Religion in einer Weise zusammen, die zu einer harmonisierenden und harmonistischen Weltsicht führt. Das Universum wird gedacht als ein von der göttlichen Kunst hervorgebrachtes Phänomen, das in der Zeit erscheint.[6] Die ›Welt der Schöpfung‹ wird zu einem ästhetischen Phänomen. Sie erscheint als erschaffenes Phänomen ewig gerechtfertigt. Sie wird so ›übergerechtfertigt‹: was ›malum‹ war, ist seiner geschichtlichen Bedeutung nach depotenziert. Die Faktizität des Unglücks hat in dieser dissonanzlosen Harmonie keinen Platz mehr. Der ›Schrecken der Geschichte‹, ihr ›Elend‹, kehren in der Krise der Gnadenlehre mit Macht zurück. 5) ›Alles, was ist, ist, insofern es ist, gut‹, lautet die These, mit der Augustin die Denkgebilde einer wesenhaft oder eigenständigen ›Natur des Bösen‹ negiert. Mit dieser These setzt Augustin einer dualistischen Weltvorstellung ein Einheitsdenken entgegen. Das ›Eine‹ ist zu denken als Einheit, die sich als das schöpferische Prinzip der in der Zeit erscheinenden Phänomene erweist. Das ›Eine selbst‹ ist (im Sinne von: ist wirklich) als Trinität. Das *unum ipsum* ist *trinitas creatrix.* (Vgl. De vera rel. 7, 13) Damit setzt in *De vera religione* die Transformierung der plotinischen Henologie in das Denken von Trinität als schöpferischer Beziehung ein. 6) Erkenntnis der Schönheit des kreatürlich Erscheinenden (der ›Welt draußen‹) ist Selbsterkenntnis. Platonisierend rechtfertigt Augustin seine Abkehr vom Manichäismus und die Hinwendung zu einem nichtdualistisch denkenden Christentum philosophisch. ›Nichts gibt es, wodurch die Seele nicht ihrer ersten Schönheit zu gedenken vermöchte, die sie verließ‹, beginnt er den Abschnitt *De vera religione* 39, 72. In welchem Verhältnis steht diese alles – vom ›Höchsten bis zum Niedersten‹ anerkennende – ästhetisch-rechtfertigende Sicht des Universums als eines in sich stimmigen, weil ›geordneten Ganzen‹, zu dem anderen Aspekt des Programms eines platonisierenden und ›platonisierten‹ Christentums, der, wie Augustin gleich am Anfang von *De vera religione* festhält, sich darin erweist, daß die ›sinnliche Welt zu verachten, die Seele durch Tugend zu reinigen‹ sei, um sie ›dem höchsten Gott zu unterwerfen‹? (De vera rel. 4, 6) In welchem Verhältnis stehen, anders gesagt, platonisierender Panästhetizismus und radikale Absage an die Welt, die gleichfalls ›platonisch‹ motiviert ist, da diese doch nur eine des Sinnlichen, des Veränderlichen und ›Niedrigen‹ ist, aus der es, in der Abkehr von ihr, zum ›Höchsten‹ aufzusteigen gilt?

In den *Confessiones* blickt Augustin auf die Einsichten zurück, zu denen ihm die Bücher der Platoniker verholfen haben. Es sind folgende. 1) Es gebe eine unveränderliche Wahrheit über dem Geist (der ›mens‹). Diese ist das ›intelligible Licht‹ des Unveränderlichen, von dem sich die mens ›gemacht‹ denkt. Dies Unveränderliche, das intellegible Licht läßt sich augenblickshaft berühren. 2) Mit ihm verglichen ist das Leben in der Zeit eine Rückkehr in die Welt des Veränderlichen, in die Region des Andersseins (»regio dissimilitudinis«, vgl. Conf. VII, 10, 16). Diese Region des Andersseins und der Verschiedenheit von dem, ›was ist‹, sei dadurch charakterisiert, daß die Dinge – im Gegensatz zum Sein der ›unveränderlichen Wahrheit‹ – ›nicht gänzlich sind und nicht gänzlich nicht sind‹. Sie ›sind‹ – weil sie von der schöpferisch gedachten ›Wahrheit‹ her sind: Sie sind nicht das zu fliehende Schlechte. Und sie ›sind nicht‹ – weil sie veränderlich sind und in ihrer Endlichkeit vorübergehen. Sie sind nicht die unveränderliche Wahrheit, die als schöpferischer Grund dieses Vorübergehens gedacht wird. 3) Augustin wiederholt die vielleicht anstößige These, daß ›alles, was ist, insofern es ist, gut ist‹: »ergo quaecumque sunt bona sunt«. (Conf. VII, 12, 18) Dies ist die antidualistische These schlechthin. Die ›Schönheit der Dinge bestehe darin, daß alle Natur, insofern sie Natur ist, gut ist‹: »Omnis natura in quantum natura est bona est.« (De lib. arb. III, 13, 16)[7] Es ›ist‹ eine Natur, in der das Veränderliche in seiner Endlichkeit und das Unveränderliche als unendliche Ewigkeit untrennbar als ›diese Welt (iste mundus)‹ zusammengehören. Die Veränderlichkeit des Lebendigen ist nichts ›Schlechtes‹ (im Sinne von ›zu verurteilen‹). Die Veränderlichkeit des Endlichen selbst ist die Erscheinungsweise eines schöpferischen Prinzips – und als diese nicht zu verneinen, sondern zu bejahen. 4) Das ›malum‹, bei dem er gefragt habe, ›woher es wäre‹, ist keine eigene Wesenheit. Es ist eine Kategorie der Betrachtungsweise des eigenen Tuns. Es ist eine Kategorie der Verantwortlichkeit. Hätte es einen eigenen Grund, bräuchte das Übel nicht verantwortet zu werden. Die Psyche wäre entlastet. Es hat aber keinen eigenen Grund. Diese Einsicht in die ›Hinterweltslosigkeit‹ der Welt wird Augustin in der Krise von 396/97 zugrundegehen.

Als ›Platonismus‹ rezipiert sind die Postulate der ›Verachtung der Welt‹, der ›Reinigung der Seele‹ und ihrer ›Unterwerfung unter Gott‹. Sie waren offenbar ausreichend für Augustin, um sich von der dualistischen Weltsicht seiner manichäischen Phase zu lösen. Was ist der ›Preis‹ dieser Platonismusrezeption, die am Motiv der Verachtung des Körperlichen und Sinnlichen (als dem Veränderlichen) festhält, um zugleich die Welt des Sinnenfälligen, sofern es als Ausdruck eines schöpferischen Prinzips gedacht wird, und die ›Welt als ganzes‹ ästhetisch gerechtfertigt erscheinen zu lassen? Vereinfacht gesagt besteht er darin, daß Augustin den Prinzipiendualismus der manichäischen Phase, dessen geschlossene Welterklärung in der Rezeption des Skeptizismus zugrundeging, durch einen methodischen Dualismus ersetzt. Er zeigt sich in der Parallelität verschiedener Gegensatzbildungen, die Augustin – ob platonische oder plotinische Argumentationsmuster vereinfachend oder nicht, sei hier dahingestellt – als Gegensätze festhält. Der im Gefolge spätantiker, ›gnostischer‹ Kosmogonien, Rettungs- und Erlösungsmythologien stehende Dualismus von die ›Welt‹ erklärenden Prinzipien wird zum Dualismus in der Erklärung von Welt selbst. Dieser methodische Dualismus erweist sich in der Entgegensetzung von Sinnlichem und Geistigem, von ›sichtbarem Äußeren und Niederen‹ und ›nicht-sichtbarem Inneren, einem Höheren‹, von Veränderlichem und Unveränderlichem, in der Entgegensetzung schließlich von Zeitlichem und Ewigem. Zur ›besseren‹ oder eigentlichen Welt, einem Inwendigen – dem *mundus intelligibilis* (vgl. De ordine II, 19, 51) – sei zurückzukehren in der Abkehr von dieser Welt, dem *mundus sensibilis.* Als Erscheinung ›jenes‹ Intellegiblen habe ›diese‹ Welt Sinn. Ohne diese Rechtfertigung durch die Welt eines sich unveränderlich denkenden Geistes, ist die Welt des Veränderlichen und Vergänglichen zwar nicht mehr das von einem ›Prinzip des Bösen‹ beseelte Schlechte, aber bloßer Schein – das Uneigentliche und Täuschung im Vergleich zum ›unveränderlichen Sein‹ – ein Niederes, aus dem die ›Seele‹ sich, nachdem sie in es abgefallen ist, zurückziehen muß, will sie sich retten. Dem ›Veränderlichen‹ wird ›Schönheit‹ zugestanden. Durch die in ihm wirkliche ›Schönheit göttlicher Kunst‹ ist die Welt der Erscheinungen ›gerechtfertigt‹. Aber sie wird es – als (eine vergängliche) Welt (bloßer) Erscheinungen – gleichsam zu sehr. Es ist eine schlechterdings transzendente, dem Sicht- und Wahrnehmbaren (dem mundus sensibilis) choristisch gegenüberstehende ›jenseitige‹ Schönheit, die der ›niederen Schönheit des Zeitlichen‹ – ihrer Abschattung – entgegengesetzt wird. Zu jener, der jenseitigen Schönheit gilt es zurückzukehren. Um dieser Rückkehr zur unsichtbaren Schönheit willen müsse die *ratio* aufsteigen vom ›Sichtbaren zum Unsichtbaren‹, vom ›Zeitlichen zum Ewigen‹. (Vgl. De vera rel. 29, 52) Der ›Aufstieg‹ zur Schönheit vollzieht sich in der Abkehr vom Sinnlichen, es ist ein Aufstieg zu einer ›wahrhaften Schönheit (Gleichheit und Ähnlichkeit)‹, die niemals ›mit den Augen des Fleisches‹ gesehen werden könne. (Ebd. 30, 55) Es ist ein Aufstieg zu einer ›summa pulchritudo‹, zu deren Betrachtung dem Denken (animus) nicht das Auge, sondern die mens, der Geist, geschaffen sei. Es ist ein innerer Dualismus, mit dem Augustin hier den Akt des Sehens und Wahrnehmens in ein ›Jenes‹ und ein ›Dieses‹ aufspaltet. Die Erscheinungen des mundus sensibilis sind unterschieden von jener Schönheit, die als ihr Grund von ihnen abgelöst wird. Zu ihr sei zurückzukehren. Augustin nennt es eine Rückkehr zur Ewigkeit, die nach der Zeit beginne.

Die harmonisierende Weltsicht in *De vera religione* entspricht der These, daß ›alles, was ist, insofern es ist, gut ist‹, nur unzureichend. Ist ›alles, was ist, gut‹, bedarf es keiner ›ästhetischen Rechtfertigung‹. Augustins ›Neuplatonismus‹ führt zu einer Aufspaltung des ›Ists‹-Begriffs (›Seins‹-Begriffs). ›Alles, was ist, ist, insofern es sinnlich und veränderlich ist, nichtig‹. Deshalb komme ihm kein ›Sein‹ zu. Das komme nur dem Intelligiblen als dem Unveränderlichen zu. Alles dagegen, was (in der Zeit) ist, ›neigt sich dem Nichts zu‹: »vergit ad nihilum«. Es neigt sich der ›Nichtigkeit des Todes‹ zu.[8]

Augustins harmonisierende Weltsicht reduziert das ›malum‹ zu einem bloßen Kontrast in einer abgesehen davon fraglosen ›Ordnung‹. Das Schlechte bildet gleichsam nur den Hintergrund, der der Verdeutlichung der ›Schönheit des Intelligiblen‹ dient. Die bloße Rechtfertigung der Welt als eines ästhetischen Phänomens nimmt das malum – dieses verstanden als Faktizität von Leid, Scheitern und Unglück – nicht ernst. Es ist in der platonisierenden Weltsicht von *De vera religione* in seiner ›Nichtigkeit‹ gleichsam übererklärt. Die Weltsicht von *De vera religione* ist eine ästhetizistische Theodizee, in der die niedere Natur des Sinnlichen zur Kulisse einer ›unaussprechlichen Heilkunst‹ (ars ineffabilis medicinae) wird, die das ›Schändliche‹ in eine, wie Augustin sagt, ›ich weiß nicht welche Schönheit eigener Art wandelt‹: »nescio quam sui generis pulchritudinem vertat«. (De vera rel. 28, 52) Verglichen mit dem ›ewigen Schauspiel der unveränderlichen Wahrheit‹, dem »aeternum spectaculum incommutabilis veritatis« (vgl. ebd. 38, 71), ist das Zeitliche das ›Niedere, Sinnliche, Veränderliche und Verachtenswerte‹. Diese ästhetisch-rechtfertigende Weltsicht, die ihr Ziel (ihre Erfüllung) im Auf- oder Überstieg zu einem göttlich Einen, das wie ein allmächtiger Weltkünstler vorgestellt wird, sieht, findet ihre Grenze an jenem Motiv, mit dem Augustin die ›Platoniker‹ (seinen eigenen Platonismus?) kritisiert. Ihm habe die Rückkehr in diese Welt, die Reszendenz und Kondeszendenz, als die sich das Göttliche selbst entäußert und erniedrigt, gefehlt. (Vgl. Conf. VII, 9, 14) Augustins Kritik an ›den Platonikern‹ ist die Kritik an einem – wenn man ihn neuzeitlich so nennen soll – philosophischen Idealismus. Zu der Vorstellung eines ›gütigen‹ Gottes als eines omnipotenten Weltkunsthandwerkers heißt es nun: ›Ich hatte deine Werke betrachtet und war erschrocken‹ – »consideraveram opera tua et expaveram.« (Conf. VII, 21, 27) Die ›Krise‹ von 396/97 wird zur Reaktion auf dieses Erschrecken. (Vgl. Kap. 2)

In thematischer Hinsicht bleiben fünf Punkte für Augustins Gesamtwerk bestimmend. Es sind dies das Denken des Glücks, Selbst- und Gotteserkenntnis (Selbst- als Gotteserkenntnis), die zweideutige Frage nach dem ›Woher des Übels‹ und die Frage nach dem Verhältnis zwischen Ewigkeit und Zeit. *Daß* Augustin das Verhältnis zwischen Ewigkeit und Zeit – neben der fraglos repetierten neuplatonischen Dichotomie zwischen ›unveränderlicher Ewigkeit‹ und ›veränderlichem Zeitlichem‹ – als Verhältnis ›fragwürdig‹ wird, ist ein Punkt, mit dem er m.E. das Ende antiken Denkens markiert. An die Stelle mythologischer, kosmologischer oder ontologischer Vorstellungen der Zeit tritt die Analyse unserer Erfahrungsweise von Zeit (und Ewigkeit), die ›Geschichte‹ ist und eine je individuelle Geschichte hat.

1) Der Ausgangspunkt von Augustins Denken ist die Frage nach dem Glück. Es gibt nur einen Grund des Philosophierens (causa philosophandi): die ›Frage nach dem Glück‹, heißt es noch in *De civitate dei.* (Civ. 19, 1) Augustins Auffassung des Glücks und seine Annahme eines allgemeinen Glücksverlangens bleiben dabei, wie erwähnt, zunächst in konventionell spätantikem Rahmen. (Vgl. z.B. De beata vita 2, 10; Contra academicos I, 2, 5) ›Wir wollen glückselig sein, weil uns die Kenntnis des Glücks eingeprägt ist‹: »mentibus nostris impressa est notio beatitatis«. Denn nur dadurch können wir wissen und sagen, daß wir glückselig sein wol-

len: »dicimus beatos nos esse velle.« (De lib. arb. II, 9, 26) Augustin insistiert darauf, daß wir das Glück kennen, weil wir es immer schon erinnert haben. Wir haben es – auf Grund der Erinnerung – und wollen es immer von neuem – erinnern. Diese ›Unvergessenheit‹ des Glücks bedeutet seine ›Diesseitigkeit‹ und diesseitige Wirklichkeit. ›Wer kann lieben, was er nicht kennt?‹, heißt es – noch und gerade – in *De trinitate.* (Vgl. XIII, 4, 7) ›Neu‹ ist, wie Augustin erklärt, daß alle das glückselige Leben wollen, weil sie es immer schon erinnert haben. Es ist seine Erklärung der Möglichkeit der Erinnerung des Glücks, die dieses erinnert sein läßt, ohne das In-der-Erinnerung-Sein des Glücks mit einer Lehre der ›Anamnesis‹ dergestalt zu verknüpfen, daß deren Möglichkeit an eine mythische Präexistenz der Seele gebunden wird.[9] Glück – von dem es in den *Confessiones* heißt: »Frage ich nach Gott, so frage ich nach dem glückseligen Leben« (Conf. X, 20, 29) – ist ein innerzeitliches Datum. Es findet sich als immer von neuem zu Erinnerndes in der Erinnerung. Das Erinnern der ›vita beata‹ ist kein einmaliger Akt. Die Erinnerung des Glücks ist vielmehr die liebende Erinnerung der Augenblicke seiner Erfahrung. Die Erinnerung des Glücks ist ›memoria amans‹ seiner vorübergehenden Wirklichkeit. Dieser transitorischen Wirklichkeit gilt das Begehren ihrer Wiederholung. Die *memoria amas* ist *memoria desiderans.* (Conf. VII, 17, 23) Die Erinnerung des Glücks ist die Aufgabe seiner theoretischen Konstruktion. Das glückselige Leben ist der Grund der Liebe und Liebe in ihrem Grund. Da, wo Augustin auf das Phänomen der Erinnerung des Glücks und der Präsenz (nicht Anwesenheit!) desjenigen, was geliebt wird, wenn geliebt wird, zu sprechen kommt, ist es ihm kein Jenseits. Die Erfahrung des Glücks wird ihm vielmehr zum Inhalt (zum Grund), zur Struktur und zum Anspruch der Erinnerung. Diese Auffassung des Glücks richtet sich nicht auf ein intelligibles Jenseits oder ein Jenseits des Intelligiblen, sondern auf das Diesseits der Erinnerung. Nicht Transzendieren aus der Endlichkeit hinaus, sondern ›immanente Transzendenz‹ ist das Prinzip der Erinnerung. Daß die memoria nicht der unterste Seelenteil ist, dessen ›der Weise sich wie eines Sklaven bedient‹ (vgl. De ordine II, 4, 6), sondern Bedingung der Möglichkeit und Vollzug von Selbsterkenntnis und Selbstgegenwärtigkeit, ist eine der entscheidenden Einsichten, die Augustin – mag sein contre cœur – aus spätantiker Jenseitsbefangenheit hinausführt. Er findet diese Einsicht in die Erinnerung gerade am ›Wissen‹ (der notio impressa) um das ›glückselige Leben‹. Dieses ›persönliche und erste Gut des Menschen (»proprium et primum bonum hominis«)‹ wird, weil es ›erinnert ist (vgl. De lib. arb. II, 19, 51-52), gesucht. Glück ist das Thema, dessen Rhythmus die Erinnerung bildet. Darauf beruht für Augustin die Möglichkeit einer Gotteserkenntnis, die nicht ›selbstgemachten‹ Einbildungen gilt.

2) Der zweite Ausgangs- und Angelpunkt in Augustins Denken ist die Frage nach der Selbst- und Gotteserkenntnis. Leitmotivisch hält er fest: ›Gott und die Seele begehre ich zu wissen, sonst nichts‹ (Soliloquia 1, 7, 1), und bringt den delphischen Imperativ des ›Erkenne dich selbst‹ in die rhetorisch-prägnante Form ›Erkennen will ich mich, erkennen will ich dich‹: »Noverim me, noverim te.« (Solil. 2, 1, 1) ›Selbsterkenntnis‹ wird Erkenntnis eines ›Gesprächs‹, als das sich das menschliche Denken begreift. Sie ist zu denken als Erkenntnis des Grundes dieses Gesprächs. Es ist Erkenntnis desjenigen, worauf das Denken sich antwortend denkt. Selbsterkenntnis wird zur Erkenntnis des ›Grundes‹ der Erinnerung und der Erinnerung selbst als Grund von Selbst- und Gotteserkenntnis. Augustin verknüpft die Frage nach dem Grund der Beurteilungsfähigkeit des Schönen (des sichtbaren und veränderlichen Schönen) mit der Analyse der Erinnerung. Das ist das spezifisch Neue seines Versuchs einer Antwort auf diese Frage (gleichsam zwei Schritte hinter Plotin und Aristoteles zurück). Der ›Aufstieg‹ zur Gotteserkenntnis erweist sich in der Tat als ein ›Abstieg‹ in den

Grund der Selbsterkenntnis. Es ist ein Erkennen des ›Transzendierens‹, das als Schönheit wirklich ist. Selbsterkenntnis *ist* Gotteserkenntnis im Erkennen des Erinnerungsvermögens als des Grundes des Denkens. Das ist der springende Punkt nicht nur an Augustins Antwort auf die Frage nach der der Schönheit geltenden Urteilskraft, sondern auch – und gerade – in seiner Explikation des Denkens der Trinität.

3) Das »unde malum«. Die eigenständige Prinzipienhaftigkeit des Übels, die es ernstnahm, ›erklärte‹ und gleichzeitig die eigene Verantwortlichkeit von ihm entlastete, zog Augustin an den Manichäern an. Seine Rationalität und die Überzeugungskraft des Einheitsdenkens Plotins haben ihn diese Phase einer prinzipiendualistischen Erlösungslehre überwinden lassen. An die Stelle der Frage nach einem Grund oder dem Woher des Übels trat seine ästhetisierende Relativierung und Rechtfertigung. Es ist der notwendige Gegensatz zum ›Guten‹, dessen die ›Ordnung‹ bedarf, die an eben diesem »malum« ihren Sinn findet und durch es gerechtfertigt ist. ›Wo alles gut ist, gibt es keine Ordnung‹, sagt Augustin. Es läßt sich keine Annahme ihrer Rechtfertigung finden. Die Ordnung bedarf des ›Üblen‹. Das *malum* wird in dieser neuplatonischen Theodizee zur Legitimation von *ordo.* Die ›Ordnung regele das Zusammensein von Gutem und Üblem‹. (Vgl. De ordine II, 2, 2) Das *malum* ist zwar kein eigenes Prinzip mehr. Es ist Gegensatz und Mangel (Ermangelung, Beraubung) des Guten. Es ist in der ästhetisierenden Harmonie einer alles leitenden Ordnung aufgehoben. Das *malum* ist damit zum Erklärungsgrund der Notwendigkeit von *ordo* umgedeutet.

An einer Stelle in den *Confessiones* gibt Augustin nicht nur auf die Frage nach dem *unde malum* eine Antwort, sondern auch auf die Frage nach dem Grund dieser Frage selbst. Dieser Grund, der Augustin die Frage nach dem ›Woher des Übels‹ stellen läßt, ist ›Furcht‹ (timor). Was ist der Grund dieser Furcht? Was ist der Grund des ›Ekels am

Leben‹ und der ›Furcht zu sterben‹ (»taedium vivendi et moriendi metus«, vgl. Conf. IV, 6, 11)? Ist die Furcht selbst das ›Übel‹ – weil sie nach etwas fragt, was nicht ist, wenn das Schöpferische sowohl wie alles Geschöpfliche ›gut ist‹: »et creans et creata bona sunt omnia«? (Conf. VII, 5, 7) Ist das Forschen nach einer Erklärung des Bösen und Üblen selbst das Böse und Üble, weil es einen Sinn desjenigen erfragt, was sich zu Sinnvollem nicht umdeuten läßt? Augustin bejaht an dieser Stelle der *Confessiones,* an der er falsche ›Erklärungsversuche‹ für das *malum* referiert, diese Frage. Er wird aber wieder zu einer Erklärung des *malum* zurückkehren. Die radikale Grundlosigkeit des Übels wird er erneut mit einem Prinzip seiner Verursachung besetzen: der Verkehrtheit des sich dem Niederen zuwendenden Willens. (Vgl. z.B. Conf. VII, 16, 22) Der späte Augustin denkt das *malum,* das die geschichtliche Faktizität von Unglück erklären soll, und die Willensfreiheit zusammen. Aber er kehrt die Argumentationsrichtung und das Beweisziel um. Nicht mehr beweist die Faktizität des Scheiterns und des Unglücks den freien Willen. Sondern: In der Faktizität des Übels beweist sich, daß der menschliche Wille in seiner Freiheit nur Schlechtes zu bewirken vermag. Das *malum* ist keine ›eigene Natur‹, es ist ›produziert‹. Augustin funktionalisiert seine Faktizität zur Bestimmung menschlichen Tuns. Aus einem Prinzipiendualismus wird ein prinzipieller Dualismus in der Betrachtung des innergeschichtlichen Daseins. Das Üble ist »privatio« oder »amissio boni« und ›Folge‹ der Freiheit des Willens. Ohne solche ›Freiheit‹ vermag eine Verantwortlichkeit des menschlichen Tuns nicht gedacht zu werden. Doch kann diese ›Freiheit des Willens‹ nun nichts anderes aus sich selbst, als die Verderbtheit der menschlichen Natur zu belegen. Dieser manichäische Zug innergeschichtlicher Selbstverdammung verhärtet sich bei Augustin immer mehr. Durch ›Gottes Gerechtigkeit ist das ganze menschliche Geschlecht in die Gewalt des Teufels übergeben‹, heißt es z.B. in De trin. XIII, 12, 16. Die Frage nach dem ›Bösen‹ hat die legitimierende und harmonisierende Funktion zurückgewonnen, die Augustin an den Manichäern anzog.

4) Aus der Tradition spätantiken Denkens – und in der von Plotin kodifizierten Form – übernimmt Augustin die Entgegensetzung von Ewigkeit und Zeit. Sein Denken ist eine wichtige Schaltstelle in dieser Tradition eines strikten Gegensatzes (›Chorismos‹) zwischen ›Ewigem‹ und ›Zeitlichem‹. Das Ewige ist das ›Höhere, Unveränderliche, Intelligible, Unsichtbare und Bessere‹ im Gegensatz zum ›Niederen, Veränderlichen, Sensiblen, Unsichtbaren und Schlechten‹ des Zeitlichen. (Vgl. z.B. De vera rel. 20, 38) Es gilt, die Liebe von den zeitlichen Bedingungen ab- und den ewigen Dingen zuzuwenden, die *conversio* zum Ewigen ist *aversio* vom Zeitlichen. (Vgl. z.B. De lib. arb. I, 15, 32) Es gebe zwei Arten von Dingen: ›zeitliche und ewige‹, ›vorübergehende und veränderliche‹ im Unterschied zu ›bleibenden‹. (Ebd., I, 16, 34) Das ›wahrhaft Bleibende‹ ist das Göttliche, das Zeitliche ist das Wandelbare und Ungewisse. (Ebd. I, 16, 35) Das ›Leben im Zeitlichen‹ ist ein ›Abfall aus dem Ewigen‹, ›Vertreibung aus dem Paradies ins Zeitliche‹. ›Ewigkeit ist das Bessere ›vor‹ wie ›nach‹ der Zeit. Ewigkeit ist für uns, die wir in der Zeit sind, zukünftig: eine »aeternitas futura«, die auf diese Welt folgt. (Vgl. De div. quaest., q. 57, 2) ›Unruhig ist unser Herz, bis es ruht in dir‹, beginnt Augustin seine *Confessiones.* Diese ›Unruhe‹ wird in einer ›Ewigkeit nach dieser Zeit‹ enden, heißt es am Schluß. (Ebd. XIII, 36, 51-38, 53) Der zweifache logische Fehler dieses Arguments – erstens wird ›Ewigkeit‹ wie eine Dimension der Zeit gedacht (meistens als die nachfolgende ›Zukunft‹), zweitens wird das ›Unveränderliche‹, d.h. das ›Ist‹ der Ewigkeit vorgestellt wie eine nicht-endend lange Zeit, wie eine nicht-endende Gegenwart – ist evident. Im Buch XI der *Confessiones* – da, wo er Ewigkeit und Zeit analysiert – geht Augustin die Gewißheit um eine von der ›Ewigkeit‹ umspannte ›Ordnung

der Zeiten‹ zugrunde. (Vgl. Kap. 3.3.) Gleichwohl wird er in *De civitate dei* an der Vorstellung einer auf die Zeit folgenden ›Ewigkeit‹ als einer nicht-endenden Gegenwart (des Glücks oder der Verdammnis) festhalten – ja, die Geschichtstheologie von *De civitate dei* hängt von der Linearität des Zeitverlaufs ab, als dessen Ende Ewigkeit auf Zeit folgt. (Vgl. Kap. 5.1) Darin, daß solche ›zeitlichen‹ Vorstellungen dem, was Ewigkeit ist, nicht entsprechen, gründet die Beunruhigung, die von Buch XI der *Confessiones* bis heute ausgeht. Es überwindet die Dichotomie von Ewigkeit und Zeit. Augustin wird bekennen, daß er eine ›Ordnung der Zeiten‹ nicht kenne. Ein ›Geist‹, der alle Zeiten kennte, wäre zum ›Erschaudern erschreckend‹. Es läßt sich kein Standpunkt einnehmen, der vom Vergehen des Zeitlichen ausgenommen wäre. Der Glaube an eine ›die Zeiten‹ umgreifende Ewigkeit ist nur noch die Rahmenhandlung, in deren Mitte die individuelle Zeit und ihre Geschichte tritt. An die Stelle des strikten Gegensatzes von Ewigkeit und Zeit, ihres Chorismos, tritt die Analyse ihres Verhältnisses.

5) Von Anbeginn ist Augustins Denken – der neuzeitliche Terminus sei erlaubt – ›ästhetisch‹ fundiert. Es ist durchgängig der Versuch einer Antwort auf das Erscheinen von Schönem, eines Antwortens auf die Schönheit, deren Form Erscheinung ist. Nicht nur galt Augustins (verlorene) Erstlingsschrift *De pulchro et apto* der Bestimmung des ›Schönen und Angemessenen‹. (Vgl. Conf. IV, 13, 20) Sein Frühwerk insgesamt läßt sich unter dieser Perspektive betrachten. Das gilt – neben den Reflexionen über die ›Dichtkunst‹ und die ›Schönheit‹ der ›Kunst selbst‹, die sich in ihr zeigt, der »ars ipsa«, die Augustin in *De vera religione* als die ›Kunst des Versemachens‹ heranzieht (vgl. De vera rel. 22, 42) – für seine Bemerkungen über die Kunst des Verstehens von Sprache (vgl. Conf. IV, 10, 15-11, 17) und insbesondere für die Tonkunst. Sein Interesse gilt nicht allein dem ›Sehen‹, sondern ebenso dem ›Hören‹. Sein Interesse richtet sich von

Anbeginn nicht nur auf die Sichtbarkeit der Phänomene, die Anwesenheit des Gesehenen, sondern auch auf das Hören, auf das Tönen als zeitliches ›Phänomen‹, in dem und für das das Vorübergehen des Zeitlichen konstitutiv (und nicht bloßer ›Abfall‹ aus der Region intelligibler Ewigkeiten) ist. Das ›Sehen‹ zielt auf Zeitlosigkeit, auf Gleichzeitigkeit in einem räumlichen Sinne. Nur im Bemerken des ›Perspektivwechsels‹, der zu jedem wirklichen Sehen gehört, dringt ›Zeit‹, gleichsam von außen, ins Sehen ein. ›Hören‹ dagegen hat Zeit, das Vorübergehen des Zeitlichen zur innersten Voraussetzung. Hören ist Zeitsinn. In der Analyse der Musik stößt Augustin darauf, daß ›Einheit und Harmonie‹ nicht Gegensatz ›vergänglicher Zeitlichkeit‹ sind, sondern gerade erst in dem und durch das Vorübergehen des Zeitlichen sich erfüllen und ›sinnvoll‹ werden. Zur ›Metaphysik des Sichtbaren‹, einer Metaphysik der ›Anwesenheit‹ des Sichtbaren, die eine des Lichts ist, gesellt sich bei Augustin eine ›Metaphysik des Hörens‹, eine ›Metaphysik des Vorübergehens des Zeitlichen‹, eine von Zeit selbst.

In der Analyse des Hörens stößt Augustin auf den Zusammenhang zwischen Erinnerung und Zeit. In *De musica* faßt er die konstitutive Bedeutung der Erinnerung für die Erfahrung von Zeit in dem Bild von der ›memoria‹ als dem ›Licht der Zeiträume‹ zusammen. (Vgl. De mus. VI, 8, 21) Im Rahmen seiner Analyse der Musik fragt Augustin nach dem Grund ›ästhetischer Erfahrung‹. Die Antwort auf diese Frage nach dem ›Grund ästhetischer Erfahrung‹ ist das *nescio quid,* das *Je ne sais quoi* angesichts des Schönen. Was in der ›Übereinstimmung‹ (convenientia) und ›Eintracht‹ (concordia) sich zeigt, ist eine ›Gleichförmigkeit‹ (parilitas). ›Gleichförmigkeit‹ ist Gleichheit im Verschiedenen. Es ist, sagt Augustin, ein ›Ich weiß nicht was an Urteilsfähigkeit‹: ein »judiciale nescio quid«. (De mus. VI, 8, 20) Der Grund des Schönen ist der Grund der Urteilskraft ›in den Tiefen der menschlichen Seele‹, wie es bei Kant heißen wird.[10]

Was ist das Schöne in seiner Zeitlichkeit und in seiner

Diesseitigkeit, d.h. in der Annahme seiner Endlichkeit? Es ist ein – von Augustin aus der Tradition auch übernommenes und gerade durch ihn tradiertes – Vorurteil (eines ›christlichen Platonismus‹), Schönheit ihrer Wirklichkeit nach im Aufstieg zu einer ›summa pulchritudo‹, einem ›zuhöchst Einen‹ zu suchen. Dieses Vorurteil kommt beim frühen Augustin, der den Neuplatonismus Plotins und christlichen Mythos zu harmonisieren strebt (vgl. De vera rel. 26, 49; 29, 52-30, 56; De quant. anim. 33, 70 ff.), vor. Und es taucht beim ›späten‹ immer dann auf, wenn der ›Sündhaftigkeit und Verderbtheit‹ dieser Welt die intelligible Schönheit ›jener anderen‹ entgegengehalten wird, worin sich ein Aspekt der Geschichtsbetrachtung Augustins in *De civitate dei* ausdrückt. (Vgl. Kap. 5.2.) Doch gibt es bei Augustin auch das Denkmotiv, daß es nicht darum geht, eine ›höchste Schönheit‹ zu suchen, sondern in seiner Erscheinungsweise zu finden, was als deren schöpferisches Prinzip gedacht wird. Man muß nicht, um der Berührung des ›Lichtes der unveränderlichen Wahrheit‹ die ›Sehkraft des Geistes über alles Geschöpfliche hinausschicken‹: »aciem mentis ultra omnem creaturam transmittere.« (De trin. IV, 15, 20) Vielleicht ist es ein spezifisch ›christliches‹ Motiv, daß die gedachte Transzendenz des göttlich Einen sich immer schon überschritten hat in der Annahme der Endlichkeit ›da vor uns‹. In *De civitate dei* wird sich Augustin, was dieses Motiv sich selbst ›transzendierender Transzendenz‹ angeht, auf Plotin berufen. (Civ. 10, 14) Wahrhafte Transzendenz ist sich selbst transzendierende Transzendenz, d.h. mit Sinn erfüllte Immanenz. Eine (›höchste‹) Schönheit, eine, die gesucht wird, wird zu etwas Apartem und Gesuchtem. Was ist das Schöne in seiner Endlichkeit, was die Erscheinungsweise von Schönheit? Augustin bekennt, daß die Verirrungen in seiner Biographie von eben dieser Frage ausgingen.

Die Frage nach der Schönheit ist die Frage nach der Ewigkeit in der Zeit. Als ›Schönheit‹ erscheint, daß Ewigkeit und Zeit einander nicht entgegengesetzt sind. Die Ewigkeit läßt sich in der Zeit berühren. Das ›erzitternde‹ Erblicken dieser Augenblicke der Ewigkeit geht – für uns in unserer Endlichkeit notwendigerweise – vorbei. (Vgl. Conf. VII, 17, 23) Ewigkeit ›ist‹. Sie ist schöpferisch im Hervorgehen und im Vorübergehen des Zeitlichen, in seinem ›Werden‹. Dieses ist in seiner Endlichkeit (›Vorübergehendheit‹) Erscheinung von Ewigkeit. Das Bewußtwerden dieser Zusammengehörigkeit von Ewigkeit und Zeit ist ein Bewußtwerden der schöpferischen Struktur des in der Zeit – und des ›als Zeit‹ – Erscheinenden selbst. Es ist ein Erkennen Gottes in schöpferischer Diesseitigkeit. Nichts anderes ist Schönheit. Denken Gottes ist Selbstentfaltung der Lehre des Schönen. Das Bewußtsein von Schönheit als schöpferischer Diesseitigkeit oder als immanenter Transzendenz ist weder eine ›ästhetische Rechtfertigung‹ von Welt (wie die harmonisierende Weltvorstellung etwa von *De ordine*) noch die Stilisierung von Welt zu einem Kunstwerk (wie es manche Passagen von Augustins Neuplatonismusadaptation in *De vera religione* nahelegen). Die aus Vergangenem ins Zukünftige ›offene‹ Weltzeit läßt sich nicht ›wissen wie ein wohlbekanntes Lied‹, heißt es am Ende der Analyse der Zeit in den *Confessiones.* (Conf. XI, 31, 41) Die Analyse der Zeit ist eine Analyse der Endlichkeit und ›Zerdehntheit‹ (distentio), die für uns Zeit bedeutet. Ist Veränderlichkeit, ›Endlichkeit‹ der Gegensatz ›ästhetischer Erfahrung‹? Die Einheit eines ästhetischen Gebildes (›eines Liedes, das ich kenne‹) ist sinnvolle Endlichkeit. Seine Einheit, als die das Schöne – sinnlich, nicht bloß gedacht – erfahren wird, ist nicht Überwindung, sondern ›Durchdringen‹ des Endlichen selbst. ›Einheit‹ ist nicht Transzendenz aus der (Zeit der) Endlichkeit, sondern ›Transzendenz in diese Endlichkeit‹. ›Schönheit‹ ist der Name für das Glück der Erfahrung dieser Einheit von Transzendenz und Immanenz.

Die Einheit des Ästhetischen ist Erinnerung sich vollbringender Endlichkeit. ›Was für ein Lied gilt, gilt für seine Teile, es gilt für alle Handlungen der Menschen, für die ganze Zeit der menschlichen Geschichte, deren Teile alle Leben der Menschen sind‹, sagt Augustin. (Conf. XI, 28, 38) Sie haben Anfang und Ende, und lassen sich im Spiel der Erinnerung wiederholen, solange dieses Spiel selbst noch nicht zu Ende ist. Die Einheit des Schönen ist der vorübergehende Augenblick seiner Erscheinung. Darin wird keine ›alle Zeiten‹ übergreifende und selbst ungeschichtliche ›Ordnung der Zeiten‹ erfahren, die sich, jedenfalls für uns, nicht wissen läßt: »at ego in tempora dissilui quorum ordinem nescio«, sagt Augustin an einer der für sein Verständnis von Ewigkeit und Zeit entscheidendsten Stellen. (Conf. XI, 29, 39) Was wir erfahren, ist das Vorübergehen von Zeit, das Zeitliche in seinem Vorübergehen selbst. In der Übergängigkeit von Erwartung, Erinnerung und Aufmerksamkeit besteht und vollzieht sich die Endlichkeit der ›Kreatur‹, die ›ohne Zeit nicht ist‹. (Vgl. ebd. XI, 30, 40) In der Endlichkeit und Übergängigkeit des geschöpflich sich Denkenden ist wirklich, was als dessen schöpferischer Grund gedacht wird. Das Bewußtwerden dieser Einheit ist die Erfahrung von ›Schönheit‹ und der Grund ›ästhetischer Erfahrung‹. Der Grund ästhetischer Erfahrung ist ein Jasagen zur vorübergehenden Natur des Zeitlichen. Das ist prima vista ein völlig unaugustinischer, die Trennung zwischen ›mundus sensibilis‹ und ›mundus intelligibilis‹ auflösender Gedanke. Bleibt er es auch seconda vista? Der Gedanke der Bejahung der vorübergehenden Natur des Zeitlichen kann sich auf den Augustin stützen, der die ›Natur des Veränderlichen‹ als Erscheinungsweise jener schöpferischen Wirklichkeit lobt, die als Natur Gottes gedacht wird. An dem Gedanken, daß Gott zu denken ist als ›unveränderliche Natur (natura incommutabilis)‹ und als das ›höchste Gute (summum bonum)‹, von der her alle ›Naturen‹ (geistige wie körperliche) ›sind‹, hat Augustin im überprüfenden Rückblick der *Retractationes* festgehalten. Er hat auch an dem Gedanken festgehalten, daß die vorübergehende Natur des Zeitlichen zu bejahen ist. ›Alle Naturen sind, insofern sie Naturen sind, gut‹, wiederholt er die entscheidende antimanichäische These aus *De natura boni:* »ostenditur omnes in quantum naturae sunt, bonas esse.« (Retract. 2, 9) In *De libero arbitrio* heißt es zu diesem Jasagen zur vorübergehenden Natur des Zeitlichen, daß es ›absurd‹ wäre, wollte man das Vorübergehen des Zeitlichen, d.h. die Endlichkeit der Naturen, nicht: »omnia temporalia ..., ut tota temporum in suo genere pulchritudo peragatur, absurdissime dicimus non debere deficere«. (De lib. arb. III, 15, 42) Das ›Vorübergehen der Naturen‹ ist die Erscheinungsweise der Ewigkeit selbst. In der ›Betrachtung der Schönheit der Dinge‹ – der ›contemplatio pulchritudinis rerum« – erfüllt sich die Erscheinungsweise der Ewigkeit. (Ebd. III, 12, 36) Darin, daß die Natur des Zeitlichen, die Veränderlichkeit der Dinge, zu bejahen und ›gut‹ ist, besteht der ›ästhetische Grundzug‹ im Denken Augustins. Es ist die Erkenntnis, daß die ›Seinsweise‹ schöpferischer Ewigkeit das ›Werden‹ der zeitlichen Dinge ist.

Nicht zuletzt Augustin hat dem Bejahen der vorübergehenden Natur des Zeitlichen als dem Begreifen der Schönheit und dem Erkennen Gottes selbst große Hürden entgegengestellt. Eine dieser Hürden ist seine Erbsünden-, Gnaden- und Prädestinationslehre.

2. Erbsünde, Gnade und Prädestination: Augustins Logik der Angst und des Schreckens

Der Theoremkomplex von Erbsünde, Gnade und Prädestination ist ein wichtiger Zug in Augustins Denken. Es ist ein ›dunkler Zug‹. Was Augustin als seine Erbsünden-, Gnaden- und Prädestinationslehre formuliert hat, ist ein Skandalon. In ihr ist von der Nichtsnutzigkeit von Freiheit angesichts des durch Prädestination und Gnade Gedachten die Rede, in keiner Weise von einer ›Synthese zwischen Freiheit und Gnade‹. Er habe ›in dieser Frage viel für die Freiheit des menschlichen Willens vorgebracht‹, doch – bekräftigt Augustin in der rückblickenden Überprüfung der in der Schrift an Simplizian gefundenen Gnadenlehre – ›die Gnade Gottes habe gesiegt‹: »In cuius quaestionis solutione laboratum est quidem pro libero arbitrio voluntatis humanae; sed vicit Dei gratia.« (Retract. II, 1, 1) ›Freiheit‹, die Freiheit des Willens, wird unvordenklicher ›Gnade‹ unterworfen.

Die ›Logik des Terrors‹ der Erbsünden-, Gnaden- und Prädestinationslehre Augustins ist das Dokument einer biographischen und intellektuellen Krise.[11] In ihr dokumentiert sich das Scheitern einer neuplatonisch-plotinischen Transzendenzgewißheit, wie sie sich etwa in *De vera religione* zeigt. Die Möglichkeit intelligiblen ›Aufsteigens‹ bleibt unbezweifelt. Aber es führt aus der Endlichkeit der eigenen Existenz in der Zeit nicht mehr hinaus. Die Selbstreflexion des Denkens findet nicht mehr zur Harmonie mit der eigenen geschichtlichen Existenz. Transzendenz ist keine Zeitentrückung. Auch die Harmonie einer intelligiblen Ordnung, auf die hin die reale geschichtliche Existenz zu überschreiten ist, kann nicht mehr beruhigen. ›Geschichte‹ läßt sich weder rechtfertigen noch ist sie als das ›Kunstwerk eines höchsten Weltkunsthandwerkers (summus artifex)‹ zu verstehen. Auch die Vorstellung einer in Gott gleichsam ihren Gewölbe- und Schlußstein habenden ›intelligiblen Ordnung‹, die die ›eigentliche‹ ist, geht zugrunde. ›Theorie‹ fungiert nicht mehr (neuzeitlich gesprochen) als Ideologie, die erklärt, daß ›eigentlich alles gut ist‹ – wird es nur gründlich genug und philosophisch betrachtet. ›Ich hatte deine Werke betrachtet und war erschrocken‹, schließt Augustin das seine Lektüre der ›platonischen Bücher‹ beschreibende Buch der *Confessiones.* (VII, 21, 27) Der ›Aufstieg zum göttlich Einen‹ und die ›Berührung des Göttlichen‹ – beides findet sich gerade in diesem siebten Buch geschildert (ebd. VII, 10, 17; 17, 23) – genügen nicht mehr. Der wahrhafte ›Aufstieg zum Göttlichen‹ erfüllt sich in der Rückkehr. Zu ihr gehört die Rückkehr in die (platonisch-plotinisch formuliert) ›Region des Andersseins‹ (»regio dissimilitudinis«). Die Augenblicke des ›Hingelangens zu dem, was ist‹ (ebd. VII, 17, 23) bedeuten keine Überhöhung und ästhetische Rechtfertigung von Welt. Die Augenblicke des ›Hingelangens zu dem, was ist‹ werden vielmehr zum Grund nicht nur jenseitsgerichteter Unruhe. Die Möglichkeit der Momente einer augenblickshaften Berührung des Göttlichen besteht zweifellos. Aber sie erfüllen nicht mehr die Funktion einer ›Entzeitlichung des Denkens‹. Was ist mit der Rückkehr aus den intelligiblen Aufstiegen ins ›Gewohnte‹? Was gelangt darin zum Ausdruck, daß auch und gerade die Notwendigkeit (zumindest für uns in der Zeit) des ›Abstiegs aus dem Aufsteigen‹ besteht und das ist, was realiter besteht?

Zunächst möchte ich im folgenden nach den Motiven fragen, auf die die Erbsünden-, Gnaden- und Prädestinationslehre den Versuch einer Antwort darstellt. Dann geht es gewissermaßen um den Befund dieses schwer verdaulichen

›Brockens des Schreckens‹. Schließlich soll nach den Implikationen der ›Logik des Schreckens‹ gefragt werden. Welche Erfahrung des Bewußtseins dokumentiert sich in Augustins Gnaden- und Prädestinationslehre, wenn man von ihr die Vorstellung, sie habe einen göttlichen Regisseur, abzieht?

Die Krise der Gnadenlehre von 397 ist Ausdruck davon, daß Augustin das antike Ideal des Weisen, der im Aufstieg zum Intelligiblen (zur ›höchsten Kunst des höchsten Künstlers‹) sich selbst zum ›Kunstwerk‹ bedürfnislosen Glücks wird, ebenso abhanden gekommen ist wie der plotinische Transzendenzoptimismus. ›Aus sich selbst‹ vermag die menschliche Existenz den Überstieg zum Einen, der mehr und ›andauernder‹ wäre als der Augenblick der Berührung des Göttlichen, nicht. Auf den zweiten Blick ergibt die Krise von 397, daß die Hoffnung auf Erlösung grundlos ist. Augustin ›begründet‹, daß im Glauben an eine göttliche Vorsehung sich kein Grund findet, der hinreichend wäre dafür, auch nur die Möglichkeit von – gleichsam intelligibel einsichtiger, rational ›einklagbarer‹ – Rettung zu rekonstruieren. Im Glauben an eine göttliche Vorsehung ist die Hoffnung auf Rettung – profan die Idee des Glücks – nicht anders denn als willkürlich und (unverdientes) ›Geschenk‹ zu denken. Mit dem Theorem der Erbsünde gibt Augustin hierfür einen ›Grund‹ an. Dieser ist die radikale Verschuldetheit der gesamten menschlichen Gattung. Das Mythologem des ›peccatum originale‹ ist eine Denkfigur der eigenen Verschuldetheit und jederzeit möglicher Schuld, der Gott zum überall und jederzeit drohenden und verurteilenden Richter wird. Gott ist nicht mehr (dies auch, aber nicht mehr nur) die Vorstellung eines intelligiblen Höchsten, eines Einen, zu dem im Denken sich aufsteigen läßt. Er wird Augustin vielmehr zum innerlich drohenden und verurteilenden Richter. ›Alle Tröstungen, aber auch Schrecken Gottes‹ wolle er berichten, bekennt Augustin: »omnia hortamenta tua et omnes terrores tuos.« (Conf. XI, 2, 2) ›Gott‹ wird zum Maßstab und zum ›Daß‹ des Urteils, das das Denken in Beziehung auf sich selbst immer dann fällt, erfährt es sich in der von ihm gedachten Verschuldetheit. Kann sich daraus ein ›dritter Blick‹ auf Augustins Logik des Schreckens ergeben, einer, in der diese gelesen wird als Selbstreflexion der Erfahrung von Schuld – gelesen wird als Verzicht auf die Vorstellung, daß es eine ›Regie‹ gibt, die alles immer schon ›zum besten‹ gewendet hat, als Verzicht auf die Vorstellung solcher ›göttlicher Vorsehung‹?

Augustin hat seine Erbsünden-, Gnaden- und Prädestinationslehre in der Quaestio I, 2 der Schrift *De diversis quaestionibus ad Simplicianum* als Kommentar von Röm. 9, 9-29 formuliert. Bevor ich zum Befund dieser ›Gnadenlehre‹ komme, scheint mir der Hinweis darauf notwendig, was durch sie erklärt werden soll. Es geht um die Strategie, in der die Erbsünden-, Gnaden- und Prädestinationslehre als ›Mittel zum Zweck‹ gebraucht wird. Augustin entfaltet sie unter folgenden Prämissen bzw. Vorgaben. Gott wird in neuplatonischer Tradition als unveränderlich gedacht. Zu dieser Unveränderlichkeit des gedachten Gottes gehört, daß er – sein Wollen, seine Vorsehung – keiner Einwirkung ausgesetzt ist. Die ›Vorsehung Gottes‹ wird in Analogie zum menschlichen Willen gedacht – als unveränderliches, durch nichts beeinflußbares, gewissermaßen unbeirrbares Wollen. Die göttliche Vorsehung wird gedacht wie ein Urbild desjenigen, wovon das menschliche Wollen sich als veränderliches Bild erfährt. Wäre sie nicht unveränderlich, drückte sich in dem dem menschlichen Willen analogen Willen der Vorsehung nicht das göttliche Eine aus. Es ist eine, durch das Bild vom Töpfer in Röm. 9, 21 angeregte, personale – anthropomorphe und technomorphe (vgl. die Rede vom ›artifex‹ in De vera rel. 36, 67) Gottesvorstellung, deren Vorsehung in ihrer Unveränderlichkeit und Impassibilität ›gerechtfertigt‹ erscheinen soll. Gerechtfertigt werden soll die Gerechtigkeit der göttlichen Vorsehung trotz bzw. im Hinblick auf die offenkundige Ungerechtigkeit, die Röm. 9, 13 in aller Deutlichkeit zum Ausdruck kommt: ›Jakob habe ich geliebt, Esau habe ich gehaßt.‹ Wodurch läßt sich diese Ungerechtigkeit als ›Gerechtigkeit‹ (göttlicher Vorsehung) rechtfertigen? Dieser durch nichts begründeten Ungerechtigkeit läßt sich ein ›Sinn‹ nur dann geben, wenn ›Gnade‹ im Rahmen eines Denkens ›göttlicher Vorsehung‹ völlige Ungerechtigkeit und Willkür bedeutet. Warum die Rettung (die Wahl, electio, Prädestination) durch göttliche Gnade willkürlich und durch nichts zu begründen ist, darauf stellt der »sekundäre Mythos«[12] der Erbsündenlehre Augustins den Versuch einer Erklärung dar. Sie erklärt, daß ›Verdammung und Schuld‹ (Unglück) der Standardfall, Glück dagegen die Ausnahme der Errettung aus dem Zusammenhang von Schuld ist.

Die Prädestinations- und Gnadenlehre ist das Pendant des Erbsündentheorems. Sie scheint mir gleichsam eine inverse, implodierte Theodizee. Mit Gnade benennt Augustin mehr als zu erklären, daß nicht nur Verdammung und Schuld ist. Es gibt weder einen ontologischen noch kosmologischen noch ›theologischen‹ Grund dafür, daß nicht nur Verdammung und Schuld, daß ›mehr‹ als Unglück und Leid im menschlichen Handeln, das sich als Geschichte erfährt, ist. Es gibt dafür auch keinen Grund in der ›göttlichen Vorsehung‹. Es gibt, soll von der göttlichen Vorsehung her erklärt werden, daß mehr ist denn Verdammung und Schuld, nur die Grundlosigkeit und Unvordenklichkeit dieser göttlichen Gnade. Nicht das Unglück, sondern Glück ist der Ausnahmezustand. ›Gnade‹ ist der Name für diese Grundlosigkeit des Glücks. Muß dieses aber überhaupt in einer übergeschichtlichen Vorsehung ›gerechtfertigt‹ werden? Ist Glück nicht – die Errettung aus dem Zusammenhang gedachter Schuld –, was sich selbst ›rechtfertigt‹?

Zum Befund von Augustins Erbsünden-, Gnaden- und Prädestinationslehre. ›Anlaß‹ für deren Entwicklung – oder vielleicht besser: ›Stein des Anstoßes‹ – sind vor allem die Stellen Röm. 9, 13/14; 9, 18; 9, 20/21. »Jakob habe ich geliebt, Esau aber gehaßt. Ist (deswegen) etwa Ungerechtigkeit bei Gott? Das sei ferne! – Also erbarmt er sich, wessen er will, und ›verstockt‹, wen er will. – O Mensch, wer bist du denn, der du mit Gott rechten willst? Sagt etwa das Gebilde zu dem, der es machte: Warum hast du mich so gemacht? – Oder hat nicht der Töpfer Gewalt über den Ton, um aus der gleichen Masse ein Gefäß zur Ehre, das andere zur Schande zu machen.« Im folgenden wird es darum gehen, die ›Scharniere‹ der Argumentation nachzuzeichnen, mit denen Augustin die durch nichts begründete Ungerechtigkeit gegenüber Esau – der Haß auf Esau ist ohne ungerechte Tat ungerecht, hält Augustin fest: Was ›rechtfertigt‹ ihn? – zu einer, wenn auch nicht Gerechtigkeit, so doch zu einer ›gerechten Strafe‹ göttlicher Vorsehung werden läßt. Es ist der Versuch, der im primären Mythos unausweichlich benannten Ungerechtigkeit einen ›Grund‹ zu geben, der sie rechtfertigt. Es ist der Versuch einer Rechtfertigung Gottes. Warum hat sich Gott Esaus nicht nur nicht erbarmt, sondern ihn gehaßt, wenn er der Gott ist, der alles zum Gutsein gemacht hat, und sieht, ›daß alles gut ist‹ – wenn er zu denken ist als sich erbarmender Gott? »Das bewegt ja am meisten«, schreibt Augustin: »Wenn er sich erbarmt, dem er sich erbarmt hat, und Barmherzigkeit gewähren wird, dem er barmherzig war, warum blieb Esau diese Barmherzigkeit versagt, so daß auch er durch sie gut gewesen wäre, so wie Jakob durch sie gut geworden ist.« (Ad Simpl. I, 2, 9) Wie läßt sich von einer Vorsehung Gottes her denken, daß Esau zu einem Demonstrationsobjekt der Rache und Verdammung ›geschaffen‹ ist? Gibt es einen Grund dafür, daß Gott nicht nur Instanz der ›Barmherzigkeit‹ ist, sondern auch – und gerade – das ewige Symbol der Verdammung, Strafe und willkürlichen Rache? Was, wenn ›göttliche Vorsehung‹ nicht nur für das Versprechen der Errettung steht, sondern eine Phantasmagorie des Unheils bedeutet? Was ist der ›Sinn‹ der durch nichts gerechtfertigten Verdammung Esaus, die ohne jeden Grund ›schon im Mutterleib‹ erfolgte? Augustin denkt bei dieser ›lästigen‹ (vgl. ebd. I, 2, 10), weil ärgerlichen Frage an ein Konkurrenzmodell zwischen menschlichem Tun (und der

Willensfreiheit, die es hat) und göttlichem (das als Strafe oder Barmherzigkeit gedacht wird). *Entweder* ist etwas durch menschliches Tun versucht *oder* (im ausschließenden Sinn) durch göttliches (Gnade). Gilt dieses Konkurrenzmodell vor dem neuplatonischen Hintergrund der Unveränderlichkeit des intellegiblen Einen, als das Gott gedacht wird, so folgt der ›Sieg‹ der Gnade über die Willensfreiheit unausweichlich. Was als unveränderliche Instanz gedacht wird, wäre nicht in jeder Hinsicht und jederzeit allmächtig, sollte es als nicht-willkürlich gedacht werden können. Was aber ist, wenn die Vorstellung eines sich rächenden Gottes als bloße Denkvorstellung erkannt wird?

Ab Kap. 16 der Quaestio I, 2 an Simplician bringt Augustin seine Erklärung der Willkürlichkeit des sich erbarmenden oder strafenden Gottes vor. Die zu beweisende Voraussetzung ist, daß Gott nicht nicht-gerecht gedacht werden kann. Die Gesetze des einfachen Warentauschs, die Regelung der Schuld in irdischen Verträgen seien Beweis sowohl wie Spur jenes Gipfels der Gerechtigkeit‹, der als göttliche gedacht wird. Augustin sagt, daß sich in der bei Strafe praktizierten ›Gerechtigkeit‹ zwischenmenschlicher Schuldverhältnisse ein ›Hauch jener Gerechtigkeit‹ (»aura iustitiae«) zeige, die mehr ist denn die bloße Vergeltung von Schuld. ›Gerechtigkeit‹ ist nicht Exekution von Schuld, sondern wäre Erlaß der Verschuldung. Ein solcher läßt sich mit Grund nicht fordern. Er läßt sich insbesondere dann nicht fordern, wenn das intellegible Eine als ›oberster Wächter‹ der Schuldverhältnisse des einfachen Warentauschs und der Einhaltung seiner Regeln gedacht wird. In diesem Denkmodell steht menschliches Handeln nicht nur in einem Verhältnis der Konkurrenz zum göttlichen Tun bzw. zur göttlichen Vorsehung. Es steht auch und vor allem in dem prinzipieller Schuld. Die offenkundige Willkür göttlichen Erbarmens beruht darauf, daß die ›Gerechtigkeit‹ göttlicher Vorsehung die gerechte Strafe für eine Schuld bedeutet. Die Willkür göttlichen Erbarmens – das anders nicht denn als willkürlich erfolgend gedacht werden kann: sonst wäre der unveränderliche Gott einer Einwirkung ausgesetzt – ist dann zu ›rechtfertigen‹ und zu erklären, wenn sie einen generellen und unaufhebbar radikalen Grund hat. Als diesen Grund, als den (selbstverschuldeten) Ursprung der ›Verdammung des Menschengeschlechts‹ denkt Augustin die Erbsünde. Der sekundäre Mythos des Erbsündentheorems soll der Grundlosigkeit göttlicher Willkür eine Begründung und einen Sinn geben. »Es sind also die Menschen – da ja, wie der Apostel sagt, in Adam alle Menschen sterben, von dem sich in das ganze menschliche Geschlecht der Ursprung der Beleidigung Gottes fortpflanzt – gleichsam ein Dreckhaufen der Sünde, der von der göttlichen und höchsten Gerechtigkeit die Todesstrafe verdient hat, wobei es keinerlei Ungerechtigkeit ist, wird sie eingefordert oder erlassen.« (Ad Simpl. I, 2, 16) Das Theorem der Erbsünde ist eine den Gesetzen des einfachen Warentauschs entlehnte Denkfigur der Schuld. Es ist ein Theorem der Selbstverschuldung. ›Gott zwinge niemanden zu sündigen‹ – nur könne als göttliche Vorsehung weder die Verhinderung solcher Selbstverschuldung gedacht werden noch, daß das Erbarmen der Rechtfertigung allen geschenkt werde. Die menschliche Willensfreiheit ist Verantwortung zur Schuld. Der Sinn göttlicher Vorsehung ist nicht der der Erlassung dieser Schuld. ›Vorsehung‹ wird vielmehr die geschlossene Vorstellung eines nicht – es sei denn willkürlich – zu durchbrechenden Regelwerks der Schuld selbst. Was als göttliche Vorsehung gedacht wird, ist keine Appellationsinstanz in einem Verfahren, in dem das Urteil noch ausstünde. Das Urteil ist – denkt sich das menschliche Denken als in radikalem Sinne verschuldet – von Anbeginn gesprochen und jede Möglichkeit einer Berufung verworfen.

Das ›menschliche Geschlecht ist eine selbstverschuldeter Verdammung überlieferte Masse‹. Wenn sich bei Gott keine Ungerechtigkeit denken läßt, dann muß jede Strafe als gerecht und jede Ausnahme von der Bestrafung als Gnade unverdient und willkürlich sein. Wird Schuld eingefordert – im

Erleiden von ›Strafe‹ –, läßt sich keine Ungerechtigkeit beklagen. Wird sie erlassen – in der Gnade der Nicht-Bestrafung –, solle ›niemand sich eigener Verdienste rühmen‹. Ist Gott unveränderlich und keiner Einwirkung ausgesetzt und das höchste und transzendente ›Eine und Gute‹ – und denken wir uns als in radikalem Sinne verschuldet, dann läßt sich im Rahmen einer ›Vorsehung‹ kein Erlaß von Schuld konstruieren. Im Konkurrenzmodell zwischen göttlichem und menschlichem Tun bleibt kein Ausweg.

Trotzdem will Augustin an der Vorstellung festhalten, daß die menschliche Existenz sich nicht nur als verschuldet, sondern sich auch als einem ›gütigen Prinzip‹ verdankt denkt. Er fragt danach, wie sich der Haß auf Esau damit zusammenbringen läßt, daß ›Gott nichts von dem haßt, was er gemacht hat‹. ›Alles, was ist, ist, insofern es ist, gut‹ – sagt der biblische Mythos seit Anbeginn. ›Alles, was ist‹, erscheint als in der Zeit vorübergehende *creatura.* Denken wir uns selbst als creatura, so denken wir uns aus einem Grund ›verdankt‹. Sich nicht diesem Prinzip des Erscheinens von creatura verdankt zu denken, ist für Augustin der Hochmut des Eigenwillens, den er als die ›Sünde‹ bezeichnet, die »Gott allein im Menschen haßt«. ›Seit Adam‹, so Augustins Konstruktion, erfährt sich die menschliche Willensfreiheit zum Hochmut des Eigenwillens verdammt. Sie erfährt die eigene Willensfreiheit als Grund ursprünglicher Verschuldung. ›Willensfreiheit‹ ist nicht mehr die Begründung von Verantwortlichkeit, sondern unausweichlicher Grund von Verschuldung. Niemand könne von sich sagen, nicht schuldig zu sein: »Nemo se recte diceret non debere.« (Ad Simpl. I, 2, 18) Unversöhnbares Erinnern von Schuld ist die Schuld, der nicht entgangen werden kann. Dafür steht der Mythos des *peccatum originale.* Durch den Akt der Fortpflanzung ist die menschliche Gattung seit Adam verdammt durch die ›fleischliche Begierde‹, die *concupiscentia carnalis,* die als ›Strafe der Sünde herrscht und, der ursprünglichen Schuld wegen, die in alle fortdauert, das ganze Menschengeschlecht wie zu einem ganzen und einheitlichen Dreckhaufen durcheinandergemischt hat‹: »Sed concupiscentia carnalis de peccati poena iam regnans universum genus humanum tamquam totam et unam consparsionem originali reatu in omnia permanente confuderat.« (Ad Simpl. I, 2, 20) Nicht die Verdammung ist erklärungsbedürftig – Augustin benutzt das Erbsündentheorem ja gerade, um die unaufhebbare Schuldhaftigkeit menschlicher Existenz zu erklären. Erklärungsbedürftig ist vielmehr, daß es nicht nur Verdammung, Schuld und Unglück gibt. Im Denken der eigenen Existenz als eines geschlossenen Zusammenhangs von Schuld ist nicht die Verdammung, sondern die Möglichkeit der ›Errettung‹ ›irrational‹. Es ist ›Gnade‹, daß auch Errettung und Glück ist. Diese Gnade als die Errettung aus dem Schuldzusammenhang menschlicher Existenz läßt sich nicht als Vorsehung konstruieren. Sie läßt sich überhaupt nicht konstruieren. Die Wahl zum ›Gefäß der Ehre oder der Schande‹ ist – soll ihr ein intelligibler Grund gegeben werden – ›vor aller Zeit geschehen‹. Die Prädestinationslehre läßt das Erbsündentheorem zu einer geschlossenen Logik selbstverschuldeter Verdammnis werden.

Noch einmal. Augustins Gnadenlehre ist ein Denken selbstverschuldeter Verdammung. Wenn es ein Entrinnen – und es gibt die Erfahrung der Augenblicke der Berührung des Göttlichen, die des Glücks – aus diesem Schuldzusammenhang gibt, so ist es ›Gnade‹. Es ist unverdient und auch nicht, in einer intelligiblen Ordnung göttlicher Vorsehung etwa, konstruierbar – es sei denn, und das ist die Denkfigur der Gnade, durch Willkür. Diese ›geschlossene Logik‹ von Erbsünde, Gnade und Prädestination widerruft die Harmonisierung von spätantiker Philosophie und christlicher Religion. Sie widerruft die Harmonie zwischen einem entgeschichtlichten Weisheitsideal und einer ›Hoffnung‹, die nicht nur jenseitsgerichtet ist. In soziokultureller Hinsicht enthält Augustins Widerruf des harmonischen Ineinanders von ›philosophischem Weisheitsideal‹ und ›christlichem Lebensführungsanspruch‹ ein Plädoyer für autoritäre, dezisionistische Herrschaft und für Gewalt und Intoleranz. Wenn das Tun Gottes willkürlich ist und alles Fragen nach einem ›rationalen‹ Grund ›Hochmut‹ ist, dann ist jede Autorität durch dieses ›Vorbild höchster Herrschaft‹ gerechtfertigt. Sie ist wie diese irrational und durch nichts zu rechtfertigen. Die Gewalt autoritärer Herrschaft ahmt die Willkür des höchsten Wollens nur nach. Weil die Menschen verdammt sind, ist Gewalt gerechtfertigt. War Augustin in *De vera religione* Christus noch das Sinnbild der Gewaltlosigkeit, so wird der späte Augustin dies ausdrücklich kritisieren, um mit Christus (die Anwendung von) Gewalt zu legitimieren. Gewalt ist notwendig und gerechtfertigt um der ›Rettung‹ der Menschen willen, die alle verdammt sind. Auf diese Weise ist Augustin mit seiner Erbsünden-, Gnaden- und Prädestinationslehre zum »Klassiker der christlichen Intoleranz« geworden.[13] In theoretischer Hinsicht widerruft Augustin in erster Linie seine Lehre von der Willensfreiheit. Zwar hält er die Freiheit des Willens aufrecht. Aber er benutzt sie nur noch als Erklärungsgrund von Verschuldung. Ursprüngliche Verschuldung wird zum unhintergehbaren Datum menschlicher Existenz. Es gibt die Freiheit des Willens – aber was vermag sie (zu bewirken) unter der Voraussetzung unhintergehbarer Schuldhaftigkeit? (Vgl. Ad Simpl. I, 2, 21) Augustin destruiert die Willensfreiheit nicht. Er benutzt sie als ein Zusatzargument. Sie macht für das eigene Tun verantwortlich, ohne es zu ›rechtfertigen‹. Die Freiheit des Willens entläßt nur noch in die Verantwortlichkeit für das eigene Handeln. Sie wird zum Grund des Bewußtseins eigener Schuldhaftigkeit. Augustin schützt, was er als göttliche Vorsehung denkt, gewissermaßen vor dem menschlichen Tun, um mit ihr – und da nur durch ›Willkür‹ – denkbar bleiben zu lassen, daß nicht nur in Verdammung und Unglück die Geschichte des menschlichen Geschlechts besteht. Das Glück der Errettung ist möglich. Aber es läßt sich durch keine Vorsehung begründen oder einfordern. Vor der Instanz, die als Gott gedacht wird, kann mit Grund keine Rechtfertigung oder Verzeihung von Schuld erwartet werden. Im Zusammenhang der ›geschlossenen Logik‹ von Erbsünde, Gnade und Prädestination ist die Gottesvorstellung die eines sich rächenden Gottes, der in Konkurrenz zum menschlichen Handeln nicht anders verfährt als eben dieses, das sich verschuldet begreift. Der Gott der Gnadenlehre ist nicht besser als seine Kreatur. Anders gesagt: Augustins Gnadenlehre treibt die personale Vorstellung Gottes auf die Spitze, die die Harmonie zwischen der Wirklichkeit einer schöpferisch gedachten ›unveränderlichen und wahren Ewigkeit der Wahrheit‹ (vgl. Conf. VII, 17, 23) auf der einen Seite und einer Gottesvorstellung, deren Tun in Analogie zum menschlichen Handeln gedacht wird, auf der anderen Seite in höchstem Maße fragwürdig werden läßt.

Was dokumentiert sich in Augustins ›Logik des Schrekkens‹, wenn man auf die (personale) Vorstellung eines willkürlich sich rächenden oder erbarmenden Gottes verzichtet? Was dokumentiert sich in einer Denkform, der ›Gott‹ nicht mehr (nur) das zuhöchst Eine und Intellegible und der Grund von Rechtfertigung ist, sondern Zeichen dafür, daß ein das eigene Tun entlastender und freisprechender Grund von Rechtfertigung nicht zu denken ist? Welches Selbstverhältnis des Denkens drückt sich in der Denkfigur aus, daß Gott die jederzeitige Drohung von Unheil bedeutet? Der ›Gott‹, dessen Tun Augustin durch die Erbsündenlehre rechtfertigt, verzeiht nicht(s). Er ist eine Denkfigur mit sich selbst entzweiten Denkens. Es wird zur ›Erfahrung seiner selbst als Mitte‹ – zum »experimentum suae medietatis«. (De trin. XII, 11, 16) Der Gott der Erbsünden- (Gnaden- und Prädestinations-)lehre ist ein Symbol der Verfallenheit menschlicher Existenz an selbstverursachte Schuldhaftigkeit. Die Rechtfertigung, mit der Augustin die Frage nach der Ungerechtigkeit göttlichen Tuns beantwortet, ist eine Reaktion auf das Bewußtsein dieser Schuldhaftigkeit. ›Alle haben in Adam gesündigt‹ und sich selbstverschuldeter Verdammnis überliefert. ›Gott‹ wird in diesem Mythos, mit dem das Denken die Schuld ›erklärt‹, der verhaftet es sich erfährt, zum Symbol der Rache. Der Gott der Liebe ist zum Gott willkürlicher Gnade und unbegreiflicher Prädestination mutiert.

Was ist mit dem Kernpunkt der Frage, auf die Augustin mit dem Erbsündentheorem antwortet – dem Bewußtsein der Schuld? Läßt sich Schuld denken als Bewußtsein nicht gebrachten Danks? Läßt sich das Bewußtsein eigener Schuldhaftigkeit, ›Schuld‹ als Selbstanklage, auch als Ausdruck mit sich selbst unversöhnter Erinnerung verstehen? Darauf soll im ersten Abschnitt des folgenden Kapitels zu Augustins *Confessiones* eingegangen werden.

3. Selbsterkenntnis als Gotteserkenntnis: »Confessiones«

3.1 Schuld und Gnade als Selbstreflexion der Erinnerung

Die dreizehn Bücher der *Confessiones* sind ein Dokument der Erinnerungsarbeit, das die in der Schrift an Simplizian gefundene Gnadenlehre literarisch umsetzen und sozusagen vor aller Öffentlichkeit demonstrieren soll. Augustin exponiert mit dieser Demonstration der Geschichte des ›individuum ineffabile‹ aber auch – mag sein contre cœur – das Recht von Subjektivität in epochal neuer, bis dahin unerhörter Weise.[14] Schon der Titel *Confessiones* indiziert die Kernpunkte der Gnadenlehre. Alles ›eigene Tun‹ verstrickt sich in selbstverschuldete Verdammung: Das ist das Schuldbekenntnis. Glück dagegen ist unverdiente göttliche Gnade: Ihr gilt das Preisbekenntnis. Die Krise der Gnadenlehre läßt die Möglichkeit der – neuplatonisch formuliert – ›Aufstiege zum intellegiblen Einen bzw. Höchsten‹ unbezweifelt.[15] Was nun hinzukommt, ist, daß in die ›Aufstiege‹ Endlichkeit, d.h. die Erfahrungsweise des Zeitlichen und die Erfahrungsweise unserer selbst als Zeitliches hineinwandert.

In starken Farben malt Augustin die unverdient erfahrene Gnade und die Schrecken, die er sich als verdiente Strafe zurechnet. In Buch XIII benennt Augustin das Prädestinationstheorem zuerst als Lobpreis des Glücks eigener Rettung (XIII, 1, 1) – dann mit aller Härte und Rigidität: Im

›Verborgenen‹, noch ehe ›das Firmament wurde‹, habe Gott geteilt und gerufen und bestimmt, wer zur Gnade gelangen und wer in der ›immerwährenden Bitternis‹ bleiben werde. (Vgl. XIII, 23, 33) Es gibt keinen Grund, an der eigenen Verdammung zweifeln zu wollen. Augustin rückt in den *Confessiones* sehr viel stärker als die Prädestination zum Unglück der Verdammung den ›Sieg göttlicher Gnade‹ darüber, was die Freiheit des menschlichen Willens aus Eigenem vermag, in den Vordergrund. Das Glück(en) einer Handlung, die sich nicht in dem Zusammenhang eigener Schuld verfängt, ist Augustin (nur denkbar durch) göttliche Gnade. Am deutlichsten wird die Demontage der Willensfreiheit in dem langwierigen Bericht über den ›Birnendiebstahl‹ in Buch II. ›Was er aus sich getan habe, war das Böse‹, lautet das Fazit dieses Dokuments mühseliger Selbstbezichtigung. (II, 7, 15) ›Wer seine wahren Verdienste aufzählt, was zählt er dir anderes vor als deine Gaben‹, wird Augustin den autobiographischen Bericht in den *Confessiones* schließen. (IX, 13, 34) Vor allem der (auto-)biographische Teil der *Confessiones* will unverdient erhaltener Gnade danken. ›Deine Gaben bekenne ich dir preisend‹: »munera tua tibi confiteor.« (IX, 6, 14) Dank ist ein Erinnern der Gnade des Glücks. (VIII, 1, 1)

Die Erinnerungsarbeit in den *Confessiones* ist aber nicht nur das Bringen des Danks für unverdientes Glück. Bekennen will Augustin alle ›Zusprachen, Schrecken, Tröstungen und Leitungen Gottes: »omnes hortamenta tua et omnes terrores tuos et consolationes et gubernationes.« (XI, 2, 2) *Omnes terrores.* Der Gott der Gnaden- und Prädestinationslehre, die durch die Bekenntnisse ›bewiesen‹ werden soll, ist, wird er zu einer dramatis persona vergegenständlicht, einer des Schreckens. ›Wer aber, wenn nicht der eine Gott ist zu fürchten‹, heißt es im zweiten Buch: »quis autem timendus nisi unus deus« (II, 6, 13) – und im zwölften, daß ›deine Urteile erzittern lassen und uns schrecklich ermahnen‹: »iudicia tua tremenda sunt; terribiliter admonens nos.« (XII, 25, 34) Mit Schrecken wird die Strafe, die der Erfahrung eigener

Schuldhaftigkeit droht, erinnert und bekannt. Die Erfahrung eigener Schuldhaftigkeit ist die Entzweiung der Erinnerungsarbeit in ein Bekenntnis der Gnade und des Glücks auf der einen Seite, das dem Bekenntnis der Schuld und jederzeit gerechtfertigter Strafe auf der anderen gegenübersteht. Die Erinnerung nicht gebrachten Danks ist die Strafe dieses Nichtbringens selbst: Gefühl der Schuld.

Gibt es eine Versöhnung des Erinnerungsvermögens mit sich und in sich selbst? Sie klingt am Schluß seiner Analyse an. (Vgl. Conf. X, 42, 67) Wird durch die Einsicht in die Erinnerung als Vermögen denkbar, daß die Erinnerung der Schuld aus der ›geschlossenen Logik‹ von Verschuldung und Bestrafung heraustritt und sich selbst als die Gnade der Verzeihung erfährt? Gibt es neben der Logik unversöhnlicher Schuld mit ihrem Gott besinnungsloser Willkür auch die Logik der Versöhnung mit Gott? ›Gnade‹ wäre dann der Name für das ›Plus‹, das aus der Verzirkelung von Schuld und Strafe hinausführt. ›Gnade‹ wäre der Name für das ›Glück‹, das dem Zusammenhang von Verschuldung entronnen sein läßt. ›Gnade‹ ist nicht nur die Denkfigur der Verdammung, sondern Selbstbekenntnis erinnerten Glücks. Darum geht es bei den folgenden Hinweisen zum Aufbau der *Confessiones.* Sie sollen auf eine Denkweise vorbereiten, in der nicht als ein Symbol selbstverschuldeter Verdammung Gott gedacht wird, sondern seiner gedacht wird als jenes Prinzips, das in den Augenblicken berührt wird, die dem Zirkel von Verschuldung entronnen sein lassen. Augustin nennt das die Selbsterfahrung der Erinnerung an der Schönheit. Als sie erfahren wir die Innerzeitlichkeit des glückseligen Lebens. Wie hätten wir es sonst erinnert? Die Innerzeitlichkeit des Glücks ist der Grund der Schönheit. Es ist Transzendenz in der Immanenz. An der Schönheit kehrt das Denken aus selbstverschuldeter Verdammung um zum Dank. Es kehrt dankend in seine Endlichkeit zurück. Was an der ›Schönheit‹ erfahren wird, ist keine ›summa pulchritudo‹. Es ist nach der ›Krise‹ der Gnadenlehre, die den Blick in den Abgrund des Denkens bzw. Gewissens von Selbstverschuldung wirft, eine Umkehr und Rückkehr zur eigenen Endlichkeit.

Die *Confessiones* sind Erinnerungsarbeit: Übersetzung des Vermögens der Erinnerung in Sprache. Dies geschieht in den ersten neun Büchern in einem mehr oder minder autobiographischen Bericht. Dieser Bericht kommt, was das Thema des Begreifens der Erinnerung als Gottesbekenntnis angeht, zum Abschluß mit der Schilderung des Gesprächs in Ostia, in dem von der Selbsteinsicht der Berührung des Göttlichen und vom Schweigen die Rede ist. (IX, 10, 23-11, 27) Das ›momentum intellegentiae‹, der Augenblick der Selbsteinsicht, den Augustin hier in die Erinnerung, d.h. in Sprache zurückruft, ermöglicht im zehnten Buch das Bekenntnis und die Analyse desjenigen, was er ›von sich weiß und nicht weiß‹. In ihm geht es um die Analyse der Erinnerung. Deren Resultat ist das Bekenntnis zur »pulchritudo tam antiqua et tam nova« als Gotteserkenntnis. ›Schönheit‹ ist der Name für die Erscheinungsweise von Ewigkeit in der Zeit. In der Komposition der *Confessiones* entsprechen sich die Bücher IV, VII und X. In Buch IV stellt Augustin seine Grundfrage nach der Schönheit zum ersten Mal. Im siebten Buch beschreibt er den Aufstieg zur Berührung des schöpferischen ›Ists‹ der Ewigkeit. Dieses selbst – ›Es selbst: »id ipsum«[16] – ist der Grund, nach dem gefragt wird, wenn gefragt wird, was die Schönheit des kreatürlich Erscheinenden beurteilen läßt. Es ist der Grund einer ›liebenden und wiederbegehrenden Erinnerung‹. (VII, 17, 23) Buch X analysiert die Erinnerung und beantwortet die Frage der Gotteserkenntnis mit dem ›Lieben der Schönheit‹.

Dem vierten Buch kommt – vergleichbar nur dem zehnten – gerade im Hinblick auf die Strategie der literarischen Darstellung der Gnadenlehre eminente Bedeutung zu. In der Krise, deren Dokument die Gnadenlehre ist, geht Augustins platonischer Transzendenzoptimismus zugrunde. Sie ist Ausdruck sich gegen sich selbst wendenden Erinnerns.

Ebendies ›bekennt‹ Augustin im vierten Buch. ›Schuld‹ wird Erinnerung dann, wenn sie zur Erinnerung eines Dankes wird, der nicht mehr gebracht werden kann. Schuld ist die drohende Angst unversöhnter Erinnerung. Die Schuld unversöhnter Erinnerung wird Angst. Es ist im Grunde Angst vor dem Tod. Angst vor dem Tod ist die Erinnerung der eigenen Endlichkeit. Die Furcht vor dem Sterben (»metus moriendi«, vgl. IV, 6, 11) habe ihn an sich selbst verzweifeln lassen, sagt Augustin. ›Sich selbst sei er zur großen Frage geworden‹: »Factus eram ipse mihi magna quaestio«. Unversöhnte Endlichkeit habe ihm ›alles wie Tod erscheinen‹ lassen – »quidquid aspiciebam mors erat« (vgl. IV, 4, 9) – und wird zur großen Frage und ›Schwermut‹ (»languor«, vgl. X, 33, 50) des Erinnerns.

Das Gespräch, das das Herz (›innen‹) mit Gott führt, ist ein Gespräch der Erinnerung. Diese Beziehung des Erinnerns auf sich selbst in Schuld und Angst bedarf der Übersetzung in Formen der Äußerung, um nicht gleichsam in sich selbst als Abgrund einer ›geschlossenen Logik‹ der Selbsterfahrung von Schuld und Angst zusammenzustürzen. Das Vermögen der Erinnerung vermag sich nur durch sich selbst zu versöhnen. Versöhnen läßt es sich nur dann, findet es Gott in sich – als Versöhnung. ›Wohin nämlich sollte mein Herz vor meinem Herzen fliehen? Wohin könnte ich vor mir selbst fliehen? Wohin würde ich mir nicht folgen?‹ (IV, 7, 12) Vor dem entzweiten, erzürnten Grund der Erinnerung läßt sich nur zu versöhnter Erinnerung ›fliehen‹. ›Dich verliert niemand, außer der dich verläßt, und wer dich verläßt, wohin geht er oder flieht er, wenn nicht von dir Versöhntem zu Dir Erzürntem.‹ (VI, 9, 14) Die Frage nach dem ›versöhnten Gott‹ ist die Frage nach der Versöhnung des Erinnerungsvermögens mit sich selbst. ›Schuld‹ ist die Erfahrung mit sich selbst entzweiter Erinnerung. Mit sich selbst entzweite Erinnerung ist der Grund der Vorstellung eines unversöhnten Gottes. Aus dieser Vorstellung läßt sich nicht zu einer anderen Gottesvorstellung – etwa der eines gnädig sich erbarmt habenden Gottes oder eines in neidloser Gleichgültigkeit sich mitteilenden Weltkunsthandwerkers – ›fliehen‹. Das Erinnern Gottes läßt sich nicht ›von außen‹ versöhnen. Seine Versöhnung kann sich nur in der Aufhebung mit sich selbst entzweiter Erinnerung, in einer Aufhebung der ›Selbstentzweiung des Herzens‹, vollziehen. Augustin macht das in der Enarratio von Psalm 74, 9 deutlich. Dort begründet er, weshalb Gott ›überall gegenwärtig‹ ist. Überall gegenwärtig ist er als Urteil, das sich die Erinnerung selbst spricht. ›Der Richter deiner Unrechte ist Gott.‹ Den ›Augen dieses Richters, der von keinem Ort urteilt, der überall verborgen und überall öffentlich ist, kann sich niemand entziehen‹. Das Urteil, das wir in der Erinnerung uns selbst sprechen, ist nicht an oder in Orten, sondern überall gegenwärtig. ›Gott ist so mit dir, wie du gewesen sein wirst. Er ist gut, wirst du gut gewesen sein; er scheint dir übel, wirst du schlecht gewesen sein. In deinem Verborgenen hast du den Richter. Er ist innerlicher deinem Herz. Wohin immer du fliehst, dort ist er. Wohin fliehst du vor dir selbst? Folgst du dir nicht immer dahin, wohin du fliehst? Solange er aber dir innerlicher ist als du selbst, gibt es nichts, wohin du fliehen könntest vom erzürnten Gott, wenn nicht zum versöhnten Gott: Nichts ist, wohin du fliehen könntest.‹[17] Es gibt nichts, was das Erinnern mit sich selbst versöhnen könnte, wenn nicht die Erinnerung von Versöhnung selbst. Dazu gehört das Erinnern der eigenen Endlichkeit – das Erinnern des radikalen Versagens der Möglichkeit, einer Schuld den Dank zu bringen, der sie verzeiht. Dies Erinnern der radikalen Unmöglichkeit, zu erinnern und zu verzeihen, ist die Erinnerung der eigenen Sterblichkeit.

Gott ist der ›Schiedsrichter des Bewußtseins und Gewissens‹, den das ›Herz‹ als ›Gegenüber‹ seines Erinnerns denkt: »arbiter conscientiae meae... Coram te cor meum et recordatio mea.« (V, 6, 11) Wir erinnern Gott als den ›unerforschlichen Abgrund seiner Urteile‹ – als den ›investigabilis abyssus iudiciorum tuorum« (IV, 4, 8) –, die wir im Denken über uns selbst sprechen. Die Analyse des unerforschlichen Abgrunds der Urteile, die wir im Denken über uns selbst sprechen, ist der Gegenstand des zehnten Buchs der *Confessiones.* Es ist die Erkenntnis des Grundes der Erinnerung. Erkennen will Augustin im Preisbekenntnis der Gnade, was das Erinnerungsvermögen als den Grund und als das Gegenüber der nicht-begrenzten Iterierbarkeit seiner selbst erfährt, solange es in der Zeit ist: sich selbst in seiner Endlichkeit erinnert und damit Endlichkeit transzendiert. Erkennen will Augustin Gott als den Grund der Erinnerung. ›Erkennen will ich dich, mein Erkenner, erkennen will ich dich, so wie ich erkannt bin‹, zitiert Augustin 1. Kor. 13, 12 am Beginn von Buch X. (Vgl. X, 1,1) Zu erkennen strebt Augustin, was der ›Grund‹ des menschlichen Denkens und Bewußtseins‹ ist. Erkannt werden soll der ›Abgrund‹ der Urteile über individuelles Erinnern in der Erinnerung selbst. Das aber ist – als zirkuläre und in sich zusammenhängende Struktur gedacht – ›Gott‹, vor ›dessen Auge der Abgrund des menschlichen Bewußtseins bloßliegt‹. (X, 2, 2)

3.2 Erinnerung als Sorge. Vom Grund der Erinnerung – Schönheit als Gotteserkenntnis[18]

In Buch X der *Confessiones* geht es um Augustins explizite Analyse der Erinnerung. Diese wird thematisch als *memoria amans* in den Abschnitten bis X, 27, 38, und als ›Sorge‹ der Alltäglichkeit, als *cura,* in den darauf folgenden. Den Analysen alltäglicher Sorge und Versuchung, d.h. der Sorgestruktur des Alltags im zweiten Teil von Buch X, geht im ersten die Analyse der Erinnerung voraus, die ihr Ziel und ihren Abschluß in dem Abschnitt X, 27, 38 findet. Im zweiten Teil von Buch X (X, 28, 39 – 43, 69) folgt eine Betrachtungsweise der memoria als Sorgestruktur alltäglicher Versuchung (temptatio). Die Erinnerung erscheint als der Ort der ›curae‹, der Versuchungen und Ängste, denen sich Augustin ›tagtäglich‹ (»cotidie«: vgl. X, 31, 44) ausgesetzt fühlt. Die memoria wird zum Worin und zum Vollzug der Selbsterfahrung von Schuld. Sorge ist ein Bewußtsein der jederzeitigen Möglichkeit von Selbstverschuldung. Das erinnernde Bewußtsein der Möglichkeit von Verschuldung ist Angst. Von diesem Selbstgefühl der Angst und Schwermut sagt Augustin, daß er sich ›in den Augen Gottes zur Frage geworden sei‹. (X, 33, 50) Sich gegen sich selbst wendendes Erinnern wird zum Abgrund alltäglicher ›Furcht‹ und alltäglichen ›Zitterns‹. (X, 33, 50; 36, 58-59) Solcher alltäglichen Sorge und Schwermut verändert sich Transzendenz zu etwas, was nicht nur nicht aus der eigenen Endlichkeit hinaus-, sondern in diese gerade zurückführt. Als Sorge ist Erinnerung Selbsterfahrung von Endlichkeit.[19]

Die Analyse der ›memoria‹ als ›cura‹ soll den viermal genannten Grundsatz der Gnadenlehre erläutern. ›Gib, was du befiehlst, und befehle, was du willst‹ – »da quod iubes et iube quod vis«. (X, 29, 40; 31, 45; 37, 60) Ohne Gnade ist jedes menschliche Handeln zum Scheitern (zum ›Übel‹ wechselseitigen Unglücks) verdammt. Ohne Gnade finde und erreiche die Seele nichts, was aus der Urverschuldung herausführen könnte. Der ›Willensfreiheit‹ gibt Augustin mit dem Leitsatz »Da quod iubes et iube quod vis« keine ›neue‹ – etwa ontologisch ›vertiefte‹ – Bedeutung. ›Gewiß gibt es den freien Willen‹, heißt es in der Schrift, deren Gnadenlehre die *Confessiones* literarisch umsetzen sollen, ›aber was vermag er‹: »Liberum voluntatis arbitrium ... vero est quidem, sed ... quid valet?« (Ad Simpl. I, 2, 21) Der ›freie Wille‹ hat nur noch die Bedeutung, daß er im Zusammenhang alltäglicher Versuchung und Sorge als Grund jederzeitiger Selbstverschuldung fungiert und ihm ›Gnade‹ konterkariert wird.

Im zweiten Teil von Buch X exponiert Augustin die Erinnerung als Schuldbekenntnis. Aber ist die ›memoria‹ nur ›Sorge‹ und Gedenken alltäglicher Versuchung? Beschränkt sie sich auf das ›ceterum censeo‹ der eigenen Endlichkeit?

Bedeutet sie nur die Verstricktheit in die Sorge von Selbstverschuldung? Gilt die Erinnerung nicht auch der Transzendenzerfahrung, von der im ›Sorge nicht‹ von Matth. 6, 25-34 die Rede ist? Die Erinnerung alltäglicher Sorge(n) ist nur ein Aspekt der Erinnerungsarbeit. Ihr anderer ist die ›begeisterte Erinnerung‹, die ›liebende und wiederbegehrende Erinnerung‹. Diesem Aspekt der Erinnerung gilt der erste Teil von Buch X der *Confessiones,* in dem Augustin die Frage beantwortet, was er liebt, wenn er ›Gott liebt‹. Er beantwortet die Frage nach dem Gott-Erkennen mit einer ›aufsteigenden‹ Analyse in den ›Grund‹ der Erinnerung. Augustins Antwort auf die Frage nach dem Gott-Erkennen ist das Bekenntnis zur ›Schönheit, die so alt und so neu ist‹ und die er ›spät geliebt habe‹: »Sero te amavi, pulchritudo tam antiqua et tam nova, sero te amavi!« (Conf. X, 27, 38) Gerade im Rückblick auf den Neuplatonismus der ›Frühschriften‹ Augustins ist es notwendig festzuhalten, daß die im Bekenntnis zur Schönheit ihren Kulminationspunkt findende Analyse der Erinnerung keinen ›Aufstieg‹ bedeutet, der aus der Endlichkeit der eigenen Existenz in der Zeit hinausführen würde oder könnte. Der ›Aufstieg‹ in den ›Grund‹ der Erinnerung führt vielmehr in die eigene Endlichkeit zurück. Die Transzendenzerfahrung, deren Name Schönheit ist, überschreitet sich selbst. Sie ist nicht zeitlos, sondern mit Zeit gesättigt: ›so alt und so neu‹. ›Schönheit‹ ist der Name erfüllter Zeit, der die liebende Erinnerung gilt. In ihr hält das Vorübergehen von Zeit an. Es ›stockt‹ und setzt sich fort. Die Augenblicke erfüllter Zeit bringen deren Vorübergehen nicht zum Stillstand, sie haben es vielmehr zur ›innersten‹ Voraussetzung. Weil sie Transzendenzerfahrung sind, schreiten sie über sich selbst fort. Das scheint mir der Sinn der Erinnerung der eigenen Endlichkeit, die Augustin mit der Analyse alltäglicher Sorge unmittelbar auf das emphatische Bekenntnis zur Erinnerung der Schönheit als Gotteserkenntnis folgen läßt.

Mit der Analyse des Vermögens der Erinnerung beantwortet Augustin die Frage, was ›geliebt wird, wenn Gott geliebt wird‹. (X, 6, 8) Die Analyse der Erinnerung beginnt mit der Frage, was in der Aufmerksamkeit sinnlicher Wahrnehmung dem Fragen der Wahrnehmung des Sinnlichen ›antwortet‹ bzw. entspricht: ›Meine Frage war meine Aufmerksamkeit und die Antwort der Dinge war ihre Gestalt‹ – »Interrogatio mea intentio mea et responsio eorum species eorum.« (X, 6, 9) Was entspricht im sinnlich Wahrnehmbaren dem, wovon wir die Erinnerung als unschöpferische Entsprechung ›erinnern‹? ›Was also liebe ich, wenn ich meinen Gott liebe?‹, fragt Augustin: »Quid ergo amo, cum deum meum amo?« (X, 7, 11) Damit setzt der ›Aufstieg‹ (ascensus) in den Grund der Erinnerung ein. Bei der Antwort auf die Frage, was im kreatürlich Erscheinenden als sein schöpferisches Prinzip ›geliebt‹ wird, analysiert Augustin die Erinnerung in dreifacher Hinsicht. Thematisiert werden erstens die möglichen Gegenstände des Erinnerns, d.h. das virtuell *Erinnerte,* zweitens das *Erinnern* als nicht nur reproduktiver, sondern auch und vor allem produktiver Akt, drittens die memoria als das Vermögen der *Erinnerung* selbst.

Die memoria ist nicht nur Bewahren von Vergangenem, wie der frühe Augustin im Gefolge Plotins annahm. Die ›Kraft der Erinnerung‹ enthält das Wiedererinnern in sich. Wiedererinnerung schafft die Möglichkeit von Selbstbeziehung. Die Wiedererinnerung ist als ›memoria amans‹ keine Wiedererinnerung eines einmal ›jenseitig‹ oder ›präexistent‹ Geschauten. Erinnerung ist prospektives Erinnernwollen und retentionales Bewahren zugleich. Die memoria enthält das Vergehen von Zeit in sich. Sie ist nicht nur entzeitlichendes ›Gedächtnis‹. Als Aufbewahrungsort, als Gedächtnis ›von draußen‹ empfangener Inhalte, thematisiert sie Augustin zunächst. Das Gedächtnis enthält, was die Sinne ›berührt‹ haben und dergestalt zum Gegenstand des Denkens werden kann. ›Gedächtnis‹ ist die Gestalt der Erinnerung, die sich auf Erinnertes und seine Reproduktion bezieht. Als Gedächtnis wird die Erinnerung gleichsam in räumlicher Form betrachtet. Es ist der Raum, auf den sich der retentionale Akt der Repräsentation von Erinnertem bezieht. Die Gegenstände des Erinnerns werden zum Inhalt des Gedächtnisses. Das Erinnerte ist im Gedächtnis als dessen ›Schatzkammer‹. In der Form des Gedächtnisses wird die Erinnerung als ein rezeptives Organ, als eine ›innere‹ Beziehung auf ›äußere Gegenstände‹, gedacht. Sie wird als der ›ungeheure Raum der Erinnerung‹ (»memoriae recessus« bzw. »ingens aula memoriae«) betrachtet. ›Gedächtnis‹ ist das ›passive‹ Ergebnis seines Zeitkerns entledigten Erinnerns.

Was erinnert ist, ist im Gedächtnis ›gegeben‹ als zu Erinnerndes. Es ist nicht ohne die Tätigkeit der ›re-cordatio‹ des Erinnerns gegeben. Diese Tätigkeit ist ein Akt des Wiedererinnerns. Ohne diesen (willkürlichen oder unwillkürlichen) Akt des Wiedererinnerns würden die Gedächtnisinhalte nicht in aktuales Erinnertwerden auftauchen. Das Erinnerte ist im Gedächtnis (der ›Schatzkammer der Erinnerung‹) nicht nur als bloß passiver, intentionslos-mechanischer ›Eindruck‹ enthalten. Zur memoria gehört vielmehr auch der Akt des Erinnerns und das Erinnern als (produktiver) Akt. Erinnern ist Gedächtnis und Wiedererinnern zugleich. Die Augenblicke des Erinnerns gewinnen ihren Sinn dadurch, daß sie selbst jeweils zum ›Objekt‹ eines retentionalen Aktes werden können. Erinnern ist ein Sich-Entsinnen. Es ist Wiedererinnerung. ›Wiedererinnerung‹ heißt, das Erinnern selbst zu erinnern. Sich-Entsinnen bedeutet, daß wir uns unseres Erinnerthabens erinnern. Erinnern ist kein einmaliger, sondern ein iterierender und iterativ sich auf sich selbst beziehender Akt.[20] Erinnern vollzieht sich jederzeit als Strom ›kleiner, überschatteter‹ Impressionen, die nicht eigens bewußt werden und zerstreut und ungeordnet gleichsam den Fond der Erinnerung bilden. Eigens bewußt werden diese Impressionen als Einbildungsakte beim Wiedererinnern. Dieses erweist sich als ›dichteste‹ Form des Erinnerns.

Die ›Fassungskraft der Erinnerung‹ (»vis« bzw. »capacitas memoriae«) ist ›unbeschränkt und unendlich‹. (Vgl.

Conf. X, 8, 15; 9, 16; 17, 26) Sie ist unbeschränkt bzw. unendlich nicht deshalb, weil durch das Erinnern etwas so konserviert würde, als wäre es dem Vergehen der Zeit nicht mehr ausgesetzt. Das Vergehen des Zeitlichen ist vielmehr konstitutive Voraussetzung des Erinnerns. Die »vis memoriae« ist deshalb unendlich (»infinitum«), weil das Vergehen der Zeit und dessen, was in der Zeit ›ist‹, d.h. auch das Vorübergehen des Erinnerns selbst, in ihr ist. Die Erinnerung ist ein Vermögen, das sich auf sich selbst zu beziehen vermag und sich, indem wir das Erinnerte in eine sukzessive Ordnung bringen und uns unseres Erinnerns erinnern, selbst gegenwärtig ist. Die Erinnerung ermöglicht Selbstbeziehung und Selbstgegenwärtigkeit. Das zeigt sich gerade am ›Vergessen‹. Gerade an ihm bemerken wir die Erinnerung als Vermögen der Selbstvergegenwärtigung – und damit auch des Vergegenwärtigens des Grundes der Erinnerung. (X, 16, 24-19, 28) ›Erinnern‹ heißt nicht, daß die Gedächtnisinhalte zu zeitloser Präsenz kämen. Erinnern ist nicht entzeitlichtes Andenken. Seine Gegenstände sind keine tote Habe. Gäbe es eine zeitlose Präsenz der Gedächtnisinhalte, so bedürften wir des Erinnerns nicht. Wir sind auf den wechselnden Vollzug des Erinnerns angewiesen. Dieses vollzieht sich im Vergehen von Zeit. Daß Vergessenes (wieder)erinnert wird, ist der Beleg hierfür. Erinnern vollzieht sich im Vergehen von Zeit aber so, daß dieses Vergehen von Zeit *in* der Erinnerung ist.

Die ›Kraft der Erinnerung‹ zeigt sich nicht nur im Aufbewahren von Vergangenem: im Gedächtnis. Sie bezeugt sich vielmehr in der Erinnerung des Gegenwärtigen. Was im Geist ›ist‹, kann in ihm gedacht werden, weil es in der Erinnerung aus seiner ›zeithaften Zerstreuung‹ gesammelt wird. Dies selbst zu erinnern bedeutet Selbsteinsicht. Die Erinnerung ermöglicht uns ›Beziehung auf sich‹ in der ›Beziehung auf anderes‹. Das unterscheidet die ›Identität‹ der Erinnerung von einer ›Tautologie bloßer Innerlichkeit‹. Wie – woran und wodurch – begreifen wir die Erinnerung als Grund produktiver oder kreativer Selbstbeziehung? Wie werden wir an unserem Erinnern auf die Erinnerung selbst als Vermögen aufmerksam? Die Fassungskraft der Erinnerung ist unendlich. Woran wird uns die Unendlichkeit dieses Vermögens selbst faßlich? Woran und wodurch wird die ›Form‹ des Erinnerns zum ›Inhalt‹ der Erinnerung? Die Erinnerung bezieht sich dann auf sich selbst, wenn wir sie als ein Vermögen erfahren, dem sich etwas entzieht bzw. zu entziehen scheint. Wir erfahren sie dann als ein Vermögen, das sich ›auf etwas‹, sich ›auf dieses Beziehen‹ und ›sich auf sich‹ in diesem Beziehen bezieht. Die Beziehung auf anderes wird zur Beziehung in sich.

Augustin analysiert die memoria erstens im Hinblick auf ihre möglichen Gegenstände: das Erinnerte. In diesem vielleicht geläufigsten Sinne verstehen wir die Erinnerung als Gedächtnis, als den ›Raum‹ der Gegenwärtigkeit des Anwesenden. Was im Raum auseinander und in der Zeit nacheinander ist, ist in der Erinnerung zugleich. Der zweite Gesichtspunkt der Analyse der Erinnerung ist die Antwort auf die Frage, was den Vorgang des Erinnerns, was ›Erinnern‹ als einen Akt auszeichnet. Nicht nur ist der Vorgang des Erinnerns der unumkehrbaren Sukzession des Erinnerten in der Zeit nicht unterworfen. Er erzeugt sie vielmehr. Der Vorgang des Erinnerns ist das, was sich im Vergehen der Zeit und durch die Dimensionen der Zeit, mit denen wir das Vergehen des Erinnerten ordnen, hindurch gleichbleibt oder sich durchhält. ›Ich erinnere mich, daß ich mich erinnert habe, so wie ich später, wenn ich mich erinnern werde, daß ich mich dessen jetzt entsinnen konnte, dies durch die Kraft der Erinnerung erinnern werde.‹ (Conf., X, 13, 20) Das Erinnern ist ein Vermögen, das auf seinen wechselnden Vollzug angewiesen – nur im konkreten Fall eines Erinnerns wirklich – ist, aber darin unveränderlich bleibt. Die ›Erinnerung‹ ist für uns drittens das Vermögen der Selbstbeziehung. ›Ich erkenne die Erinnerung in der Erinnerung durch sich selbst.‹ (X, 15, 23) Die Erinnerung ist unendlich ihrer Fassungskraft und sich selbst gegenwärtig ihrem Vermögen nach. Sie ist ein Vermögen, das immanenter (faßlicher) Unendlichkeit entspricht. Die Erinnerung ist deshalb viertens *das* Vermögen der Sich-Selbst-Gegenwärtigkeit. ›Wenn ich die Erinnerung erinnere, ist sich die Erinnerung durch sich selbst gegenwärtig.‹ (X, 16, 24) Das Erinnerungsvermögen hat weder an sich noch in sich eine Grenze, weder am Raum noch an der Zeit. Was sich der Kraft des Erinnerns entzieht, entzieht sich ihr in der Erinnerung. Als Sich-Entziehendes ist es in der Erinnerung. Sollen wir des Erinnerungsvermögens gewahr werden, so können wir das nur an dem, was als Sich-Entziehendes in der Erinnerung ist. Nur weil es als Sich-Entziehendes in der Erinnerung ist, können wir nach ihm als einem Sich-Entziehenden fragen. ›Nichtwissend wissen wir‹, was sich dem Erinnern zu entziehen scheint und das Vermögen der Erinnerung in eigentlicher Weise bewußt macht. Das ist der Punkt der Analyse der memoria, an dem Augustin fragt: ›Wo aber bleibst du in meiner Erinnerung, Herr, wo da bleibst du?‹ (X, 25, 36) ›Wie ist Gott in der Erinnerung?‹ Woran und wodurch werden wir auf den ›Grund der Erinnerung‹ – Grund im Sinne sowohl von Motiv wie von Ermöglichung – aufmerksam? Wie ist ›das Unwandelbare *über allem in* der Erinnerung‹, ohne daß es zu einem ›Bestand‹ des Erinnerns würde? Die Beantwortung dieser Frage bedeutet zugleich eine Antwort darauf, wie wir die Erinnerung – diese ›unbegrenzte Kraft des Lebens im sterblichen lebenden Menschen‹ (»vis vitae in homine vivente mortaliter«, X, 17, 26) – als Vermögen begreifen und selbst zu erinnern vermögen.

Die Erinnerung ist nicht bloß ein Ort des Suchens (Gedächtnis), sondern gerade auch der Akt des Findens. Das wird uns insbesondere daran bewußt, was die unendliche Fassungskraft der Erinnerung zu transzendieren scheint. Es läßt auf den Akt des Findens, der Erinnern ist, aufmerksam werden. *Die Selbsttranszendenz der Erinnerung entspricht erinnerter Transzendenz.* Erinnern setzt Aufgeschlossenheit voraus. Es richtet sich weder nur auf die ›abgestorbene Habe‹ von Gedächtnisinhalten noch nur auf erinnerndes Andenken. Im Erinnern desjenigen, was sich nicht zu einem bestimmten Gedächtnisgegenstand fügt, sondern die ›Kraft des Erinnerns‹ fordert, kommen wir auf die Erinnerung selbst zurück. Erinnerung ist ein Vermögen der Selbsttranszendenz. Die Analyse des Grundes der Erinnerung ist der Weg zum Erkennen dessen, vor dessen Auge ›bloß der Abgrund des menschlichen Bewußtseins bzw. Gewissens liegt‹. (X, 2, 2) Es ist ein Weg des ›Aufstiegs‹ (X, 7, 11; 8, 12), auf dem auch die ›Kraft der Erinnerung‹ selbst überschritten werden soll. (Vgl. X, 17, 26) Gott als das Unvergessene ist in keinem ›Teil‹ der Erinnerung. Er ist auch nicht in der Erinnerung als dem ›Sitz des Geistes‹. Aber er ist ›gewiß in der Erinnerung‹. (Vgl. X, 24, 35 – 25, 36) Wie? Was läßt uns den Grund bzw. den Abgrund des Erinnerungsvermögens immer von neuem – es ›ist‹ schon in der Erinnerung, aber so, daß es immer erneut erinnert werden will – begreifen. Der ›Geist‹ als bloß innerliche Selbstbeziehung ist dafür ›zu eng‹: »animus ad habendum se ipsum angustus est.« (X, 8, 15) Deshalb wird er sich zum Grund der Angst. Die Kraft der Erinnerung ist die des ›sterblich lebenden Menschen‹. (X, 17, 26) Die Augenblicke der Gegenwärtigkeit des Erinnerns und des Erinnerns des Gegenwärtigen gehen vorüber: ›bald erinnern wir, bald vergessen wir.‹ (X, 25, 36) In der Erinnerung ›bleibt‹, wovon das Erinnern die veränderliche, in der Zeit vorübergehende Entsprechung ist. Wem entspricht das Vermögen der Erinnerung? Gott habe er, sagt Augustin, nicht außerhalb der Erinnerung gefunden. (X, 24, 35) Woran werden wir inne, was Erinnern im Grunde ist? Der ›Aufstieg‹ zum »in te supra me« (X, 26, 37) ist ein Rückgang in diesen Grund der Erinnerung. Der ›Weg hinauf‹ zu dem, was als ›unwandelbar über allem‹ gedacht wird, ist in Wirklichkeit der ›Weg hinab‹ in den Grund der Erinnerung. Dieser Rückgang in den Grund der Erinnerung ist das Resultat der Antworten Augustins auf die Frage, ›was er liebt, wenn er Gott liebt‹. Der Name für den Grund der Erinnerung ist *pulchritudo*.

Schönheit – das Resultat der Analyse der Erinnerung – ist der Name für das ›Unvergessene‹, das ›unvergessen‹ (»non oblitum«) in der Erinnerung ist. (X, 24, 35 – 25, 36)[21] An der Erinnerung des Schönen erfahren wir, was Erinnern ist. Schönheit als schöpferisches Prinzip ist nicht ›draußen‹ zu suchen. Sie ist – in der zu erinnernden ›auswendigen‹ Wirklichkeit – zu finden als das Prinzip des Kreativen, das ›überall‹ gegenwärtig ist und ›nirgends‹ zu einem Gegenstand wird. Die pulchritudo leuchtet in den Augenblicken (immer von neuem) ein, in denen wir sie als das sich unserem Erinnern Entziehende in der Erinnerung finden. ›Schönheit‹ ist der Name für den Grund der Erinnerung. Sie ist nicht irgendein und insbesondere kein ›zuhöchst Schönes‹. Sie ist gleichsam ein ›auswendig Inwendiges‹. An der Schönheit erfahren wir ›nichts Besonderes‹, sondern nur insbesondere, was Erinnern ist. ›Denn nicht schuf er es und ging weg, sondern das, was aus ihm ist, ist in ihm. Siehe, da ist er, wo die Wahrheit schmeckt. Er ist zuinnerst im Herzen, aber das Herz ist abgeirrt von ihm‹, heißt es an exponierter Stelle in Buch IV der *Confessiones:* »Non enim fecit atque abiit, sed ex illo in illo sunt. Ecce ubi est: ubi sapit veritas. Intimus cordi est, sed cor erravit ab eo.« (IV, 12, 18) Am schwersten zu finden ist das Gegenwärtige. Das schöpferische Prinzip, das als ›pulchritudo‹ geliebt wird, geht überall vorüber. Es ist im kreatürlich Erscheinenden als dessen kreativer Grund. Dieser wird in der Erinnerung geliebt. Das liebende Erinnern liegt der Beurteilung des Schönen (vgl. VII, 17, 23) zugrunde. Es ist ein ›Ich weiß nicht was‹: ein »iudiciale nescio quid«, wie Augustin sagt.[22] Gott, der ›Herr des Geistes‹, wird in der Erinnerung gefunden. Das seiner selbst sich inne werdende Vermögen der Erinnerung ist Bedingung der Möglichkeit dieses Findens. Es wird seiner selbst – immer wieder von neuem – an der pulchritudo inne. Die pulchritudo ruft uns in Erinnerung, was wir als Unvergessenes immer schon erinnert haben. An der pulchritudo kehren wir mit der Erinnerung immer von neuem zu dem, was in ihrem Innersten ist, zurück.

Als ›Schönheit‹ wird die Umkehrbewegung erfahren, in der sich durchschauen läßt, was Erinnern im Grunde ist. Die Stufen dieses Durchschauens sind die eines ›Aufstiegs‹. Es sind zugleich die eines ›Abstiegs‹ in den ›Abgrund‹ unseres Bewußtseins, der ›vor den Augen Gottes bloß liegt‹. Die Augenblicke, in denen uns der Grund der Erinnerung bewußt wird, schreiten über sich selbst fort. Sie gehen vorüber. In den Augenblicken der Schönheit erfüllt sich die Selbsttranszendenz der Erinnerung. Im ›transitus memoriae‹ ist die Erinnerung sowohl Objekt wie Subjekt. Wovon wir die Erinnerung als (›unschöpferische‹) Entsprechung denken, das ist in seiner (›kreativen‹) Erscheinungsweise Schönheit. Als pulchritudo wird erinnert, daß schon in der Erinnerung ist, was die unendliche Fassungskraft der Erinnerung immer von neuem belebt. Wir überschreiten den Aufstieg des Überschreitens (etwa zu einem ›summum pulchrum‹, das doch nur ein Denkprodukt wäre), indem wir zu unserer Endlichkeit, diese erinnernd, zurückkehren. ›Schönheit‹ ist der Name für das Prinzip des Erscheinens von Schönem. Sie ›ist‹, indem Schönes erinnert wird. Es gelangt in allem zu besonderer Erscheinung.

Der ›Anspruch der Wahrheit‹ antwortet der Erinnerung überall als die ›Evidenz‹ des kreatürlich Erscheinenden. (Conf. X, 6, 9; 26, 37; XI, 4, 6) Diese Evidenz des Anspruches der Wahrheit ist gegeben als die ›wunderbare Schönheit der Welt selbst, die draußen unsrem Anschauen gegenwärtig ist‹, wie Augustin einmal en passant in *De trinitate* festhält: »Mundi denique ipsius mirabilis pulchritudo forinsecus praesto est ... aspectibus nostris.« (De trin. XIII, 1, 4) Pulchritudo ist ein ›Inneres‹, das nirgends ›draußen‹, d.h. kein bestimmter Gegenstand ist. Aber nur in dem, was ›draußen‹ erscheint und vorübergeht, ist sie wirklich und dort zu erinnern. Im ›letzten‹ Schritt im Aufstieg durch die Erinnerung kehren wir an der pulchritudo zu uns als Erinnernden zurück. Wir begreifen, daß die Selbstgegenwärtigkeit des Erinnerungsvermögens im Vorübergehen des Erinnerten für uns dasselbe ist wie die Gegenwärtigkeit, die schöpferisch im Geschaffenen vorübergeht. Wir begreifen an der pulchritudo unser Erkennen der pulchritudo als Erkanntsein durch die pulchritudo. Schönheit als dieses schöpferische Prinzip der Selbstgegenwärtigkeit des Kreatürlichen braucht nicht gesucht zu werden. Sie ist nichts Gesuchtes. Es ist ein Finden Gottes im Erblicken ›der Dinge‹. Das ›Sehen Gottes‹ (die *visio dei*) ist ein Erblicken ›des Anblicks der Dinge‹ (der *visio rei*), die Erinnerung ihrer vorübergehenden Gestalt.

Wir bedürfen der pulchritudo, um das Erinnerungsvermögen selbst zu begreifen. Ohne das, was sich dem Vermögen der Erinnerung zu entziehen scheint und doch in der Erinnerung ist, würden wir auf die Erinnerung als produktives Vermögen nicht aufmerksam. Wir würden sie nicht als die lebendige Kraft in unserem sterblichen Leben erkennen. An der Erinnerung der pulchritudo erfahren wir nur insbesondere, was sich mit jedem Erinnern vollzieht. Wessen in liebender Erinnerung gedacht wird, ist kein Gott, den sich die Seele ›macht‹ oder erdenkt. Es ist das schöpferische Prinzip des Geschaffenen, das im Vorübergehen des Zeitlichen sich gleichbleibt. Es bleibt sich gleich als das, was in diesem Vergehen als dessen unveränderlich wirkender Grund zu denken ist. Was wir als Prinzip des Geschaffenen – und weil es sein Prinzip ist: als von ihm unterschieden – denken, denken wir als dem Vergehen in der Zeit nicht unterworfen. Es ist das, was im Vergehen der Zeiten in der Zeit sich schöpferisch gegenwärtig und ›unwandelbar über allem‹ bleibt. Es zeigt sich im Erscheinen und in der Erinnerung des Erscheinens von Kreatürlichem, dem Veränderlichen in der Zeit, selbst. ›Schönheit‹ ist die Erinnerung schöpferischer Selbstgegenwärtigkeit. Dieser ›Schönheit‹ gilt die liebende Erinnerung Gottes, wie Augustin in Buch X der *Confessiones* emphatisch bekennt. Es ist ein Bekenntnis zum schöpferischen Grund der Erinnerung. Als *pulchritudo tam antiqua et tam nova* wird Gott immer von neuem gefunden. Es ist der Name für das Glück der immer von neuem zu erinnernden und doch so alten Ewigkeit. Das ist die ›Frucht der Bekenntnisse‹, in denen Augustin analysiert, nicht ›was er gewesen ist, sondern was er ist‹. (Conf. X, 3, 4)

Seine Analysen im Buch XI der *Confessiones* explizieren, wie das in der Erinnerung der Schönheit Gefundene schöpferisch gedacht wird und in welchem Verhältnis das in der Zeit Erscheinende und Vorübergehende zu diesem Grund der Erinnerung steht. Auf das Denken der Erinnerung in Buch X zurück- und auf Buch XI vorausblickend bedeutet die Erinnerung der Schönheit die Erfahrung ›immanenter‹, d.h. sinnerfüllter ›Transzendenz‹. Die Augenblicke der Schönheit sind die der Ewigkeit in der Zeit.

3.3 Ewigkeit – Zeit: Augustins Analyse der Zeit

›Schönheit‹ ist Erscheinungsweise von Ewigkeit in der Zeit. Dem Denken der Ewigkeit und ihrer Beziehung zur ›Zeit‹ gilt Buch XI der *Confessiones.* Sein primärer Gegenstand ist nicht die Zeitanalyse, deretwegen es gerade in diesem Jahrhundert vielfältig rezipiert worden ist. Augustins ›Frage nach der Zeit‹ wie seine ›Antworten‹ sind abgeleitete Phänomene. Sie sind abgeleitet aus der Einsicht in die Zusammengehörigkeit von Ewigkeit und Zeit. Die Einsicht, daß ›Ewigkeit‹ (das ›Unveränderliche‹ etc.) und ›Zeit‹ (das Veränderliche etc.) einander nicht entgegengesetzt sind, macht (gerade auch in Augustins Werk) die singuläre und ›beunruhigende‹ Bedeutung von Conf. XI aus. In ihm geht Augustin über die verbal behauptete Entgegensetzung zwischen Ewigkeit und Zeit hinaus, indem er analysiert, ›was Ewigkeit ist und was Zeit‹. ›Zeit‹ ist die schöpferische Erscheinungsweise von Ewigkeit. Aus diesem Grund bekennt Augustin, daß er ›Kraft und Natur der Zeit zu wissen begehre‹: »Ego scire cupio vim naturamque temporis.« (Conf. XI, 23, 30).[23]

Was wir als Ewigkeit denken, erscheint schöpferisch in der Zeit, *weil und insofern* das, was in der Zeit ›ist‹, vorübergeht (entsteht und vergeht). Ginge das, was in der Zeit ist, nicht vorüber, gäbe es für das, was in der Zeit ist, ein ›Bleiben‹ – so wären keine Zeiten. In der Zeit geht das Veränderliche vorüber. ›Zeit‹ selbst ist seine Erscheinungsform im Unterschied zum schöpferischen Prinzip Ewigkeit, das sich *in* diesem Vorübergehen gleichbleibt. Daß Ewigkeit das im Vorübergehen des Zeitlichen Schöpferische ist, ist der Einsatzpunkt, an dem Augustin zunächst fragt: ›Was ist nämlich Zeit?‹ – »Quid est enim tempus?« (XI, 14, 17) Würde nämlich das Vorübergehen des in der Zeit Veränderlichen, des Endlichen, aufhören (vorüberzugehen), so hätte die Ewigkeit Gottes aufgehört, schöpferisch zu sein. Sie ist aber – schöpferisch: Das, was in der Zeit ›ist‹, die Zeiten gehen vorüber. Die Zeiten bleiben auf Grund der Ewigkeit nicht in der Zeit. Deshalb stellt Augustin die berühmte Frage: ›Was also ist Zeit? Wenn mich niemand danach fragt, weiß ich es. Will ich es einem Fragenden erklären, weiß ich es nicht.‹ – »Quid est ergo tempus? Si nemo ex me quaerat scio; si quaerenti explicare velim, nescio.« (XI, 14, 17)

Die Frage nach der Zeit ist die Frage nach der Wirklichkeit desjenigen, was als schöpferischer Grund von Zeit selbst und des Vorübergehens des in der Zeit Veränderlichen gedacht wird. Diese Art der Fragestellung widerspricht natürlich dem an unzähligen Stellen von Augustin festgehaltenen Dogma, daß Ewigkeit der – mit dem Makel des Vorübergehenden (Veränderlichen usw.) behafteten – ›Zeit‹ entgegenzusetzen ist. Es ist eine neuplatonisch inspirierte Grunddoktrin im Werk Augustins, daß ›Zeit‹ – die Sphäre des ›mundus sensibilis‹, die des Veränderlichen – dem Unveränderlichen, dem ›mundus intelligibilis‹, entgegengesetzt werden muß.

Der Verständnismöglichkeit von ›Ewigkeit in der Zeit‹ widerspricht etwa auch, wie Augustin den Beginn der dreizehn Bücher *Bekenntnisse* mit ihrem Schluß verklammert. ›Unruhig ist das Herz, bis es ruht in dir‹, lautet ihr Start in Buch I. Unruhig ist das Herz in der Sphäre des Veränderlichen, des Endlichen und Sterblichen, d.h. ›in der Zeit‹, bis wir – und damit klingen die *Bekenntnisse* aus – ›am Sabbat des ewigen Lebens ruhen werden in Dir‹ (XIII, 36, 51). Auf die ›Zeit‹ (des Veränderlichen) folge die ›Ewigkeit‹ – als eine nicht-endende Dauer unendlicher Sukzession. Es ist evident, daß eine so verstandene ›Ewigkeit‹ ein Gedankenkonstrukt ist – ein Gedankending.[24] Ein Verständnis der Ewigkeit, das diese sowohl ›vor‹ wie ›nach‹ der Zeit als Gegensatz von Zeit denkt, setzt – abgesehen davon, daß es voller aporetischer Bestimmungen steckt – ein Wissen um die Ordnung der Zeiten voraus. ›Zeit‹ erscheint als das, was zwischen zwei Ewigkeiten eingespannt ist. Da, wo Augustin ›Zeit‹ nicht dogmatisch einen Ausdruck des Sündenfalls und Strafe für ihn sein läßt, sondern sie analysiert, bekennt er, einen ›ordo temporum‹ nicht zu kennen: ›Ich aber zerreiße in die Zeiten, deren Ordnung ich nicht kenne‹ – »at ego in temporibus dissilui quorum ordinem nescio...« (XI, 29, 39) Was also ist Zeit? – wenn in der Zeit nichts zu bleiben vermag: auch wir nicht, die wir dies und die Ewigkeit im Unterschied zum Vorübergehen des Endlichen und Sterblichen denken. Worüber sprechen wir, wenn wir über Zeit sprechen, wenn wir über die Selbsterfahrung des Veränderlichen, wenn wir über unsere Erfahrung der ›niemals stehenden‹, der beständig vorübergehenden Zeiten sprechen? Was ist es, was uns im Sprechen über Zeit und Zeiten so fraglos vertraut und im alltäglichen Umgang selbstverständlich ist? Das ist der Ausgangspunkt von Augustins Frage nach der Zeit.

Zu Recht hat man Augustins Frage nach der Zeit vom ›mythologischen‹ Zeitbegriff Platons (Zeit als Abbild der Ewigkeit im *Timaios*), dem ›kosmologischen‹ bei Aristoteles (Zeit als Zahl der Bewegung, *Physik*) und dem ›ontologischen‹ Plotins (Zeitlichkeit als Stigma der aus der Ewigkeit abgefallenen Seele) unterschieden. Aber es trifft nicht zu, daß Augustin diesen Zeitvorstellungen ein ›psychologisches‹ Modell der Zeit anreihen würde.[25] Er setzt vielmehr an die Stelle eines Modells von Zeit die Analyse ihrer Erfahrung. Das ist das Neue seiner ›Frage nach der Zeit‹. Dabei fragt er *nicht* nach einer ›inneren‹ (im Gegensatz zu einer ›äußeren, physikalischen‹) Zeit. Er stellt nicht die Frage nach einer ›existentiellen‹ oder eigentlichen ›Zeiterfahrung‹ im Gegensatz zu einer ›uneigentlichen‹ Erfahrung von Zeit als vorgeblich bedeutungsloser Chronologie. Augustins Frage nach der Zeit setzt die physikalische ›Zeit‹ und deren ›Chronologie‹ voraus. Nur fragt er, was der Grund ist dafür, daß es für uns etwas in der und durch die Erfahrung von Zeit Sich-Kontinuierendes gibt, wovon unser faktischer Umgang mit Zeit der Ausdruck ist. Augustins Befragen unserer ganz gewöhnlichen Erfahrung von Zeit ist eine De- und Rekonstruktion desjenigen, was alltäglich gelingt und ›vertraut und gewiß‹ erscheint. Wir verfügen über Zeit, indem wir sozusagen über die Gegenwart hinweg von Vergangenheit auf Zukunft schließen. Aber das Vergangene ist *nicht* mehr, das Zukünftige noch *nicht* und das Gegenwärtige schon *nicht* mehr – ›Zeit‹ also weder das Vergangene noch das Zukünftige noch das Gegenwärtige. Worüber also sprechen wir, wenn wir über Zeit sprechen – und verstehen und verstanden werden wollen? (Vgl. Conf. XI, 22, 28) Was sind die unausgesprochenen Voraussetzungen unseres Ordnens von und unseres Verfügens über Zeit? Wie läßt sich erklären und begründen, was uns über eine Ordnung der Zeiten sprechend verfügen läßt? Augustins Frage nach der Zeit ist der Versuch einer Rekonstruktion der unausgesprochenen Leistungen und ›verborgenen‹ Bewußtseinsakte, die so vertraut erscheinen, daß wir sie im Sprechen über und in der Zeit gar nicht mehr bemerken.[26] Augustins Fragen nach der Zeit erweist sich als Explikation der Voraussetzungen, die in unserem Reden, Verfügen und Ordnen von Zeit immer schon übersetzt sind. Seine Analyse der Zeit ist sozusagen eine Analyse unserer ›ordinary time experience‹. Der ›menschlichen Seele ist es gegeben, Zeiträume wahrzunehmen und zu messen‹ – »datum enim est (anima humana) sentire moras atque metiri.« (XI, 15, 19) Inwiefern? ›Wir sprechen von langer und kurzer Zeit und werden verstanden‹. Kann eine ›gegenwärtige Zeit lang‹ (länger oder kürzer) sein? Kann etwas in der Zeit sich zu einer Dauer, sich zu ›längerer oder kürzerer Anwesenheit‹, ausspannen? Nein. Die gegenwärtige Zeit kann nicht lang sein: »praesens tempus longum se esse non posse.« (XI, 15, 20) Das, ›was in der Zeit ist‹, strebt danach, ›nicht zu sein‹: »tendit non esse«. (XI, 14, 17) Die Frage nach der ›Länge der Zeit‹ wird zu der Frage danach, wie etwas in der Zeit gegenwärtig und was Gegenwärtigkeit selbst ist. (Vgl. XI, 18, 23) Die Frage nach der Zeit wird zur Frage nach dem Grund der Wahrnehmung von Gegenwärtigkeit. Die Frage nach dem Grund der Wahrnehmung von Gegenwärtigkeit entspricht der Frage, weshalb die eigene Lebenszeit nicht in atomisierte Jetztpunkte zerfällt.

Nehmen wir, was ›in‹ der Zeit ist, wahr, so nehmen wir es in seinem Vorübergehen wahr. Das gilt für alle drei ›Dimensionen‹, mittels derer wir ›Zeit‹ in die Ordnung des Nacheinanders bringen. Die diesbezügliche Definition lautet: ›Nicht sind drei Zeiten: Vergangenheit, Gegenwart und Zukunft, vielmehr sollte vielleicht passender gesagt werden: Zeiten sind drei: Die Gegenwart von Vergangenem, die Gegenwart von Gegenwärtigem, die Gegenwart von Zukünftigem.‹[27] Diese vielzitierte Definition ist aber keineswegs das Ergebnis von Augustins Zeitanalyse. Sie ist sogar mißverständlich. Augustin spricht von einer Gegenwart des Vergangenen (das nicht mehr ist – nur erinnert), einer Gegenwart des Zukünftigen (das noch nicht ist und sich jetzt schon als das, was gewesen sein wird, erinnern läßt) und einer Gegenwart des Gegenwärtigen (das jetzt schon vorbei ist). Die auf den ersten Blick suggestive Definition bedarf selbst einer Begründung. Zu beantworten ist die Frage, wie Gegenwärtigkeit, das Einzige, was in der Zeit ›ist‹ – ist, indem es ›nicht ist‹: entsteht und vergeht –, selbst, d.h. wie das Zeitliche in seinem Vorübergehen wahrgenommen wird. Wodurch entsteht die ›Dehnung‹, die von einer ›Gegenwärtigkeit des Gegenwärtigen‹ sprechen, wodurch entsteht die Dehnung von Zeit, die sich dann auch noch messen läßt? ›Wie also messen wir die gegenwärtige Zeit, da sie doch keine Ausdehnung hat‹, fragt Augustin. (Vgl. Conf. XI, 21, 27) Woraus ergibt sich für uns, die wir selbst in der Zeit sind, was wir im Vorübergehen des Zeitlichen als Dehnung wahrnehmen und messen? Das ist das ›allerverwickeltste Rätsel‹, das Augustin folgendermaßen beschreibt: ›Doppelt solang ist diese Silbe im Vergleich zur einfachen kurzen. Wir sprechen und hören und werden verstanden und verstehen. Ganz offenkundig ist das und ganz gewöhnlich, und dasselbe ist doch wieder allzu verborgen und neu ist sein Finden.‹[28] Sprechend übersetzen wir die Wahrnehmung des Gegenwärtigen und erinnern sowohl das Vergangene wie unser Wahrnehmen als dasjenige, was wir jetzt repräsentieren. Was sich ›zwischen‹ diesen Akten der Aufmerksamkeit vollzieht, ist die ›Dehnung‹, aus der sich jene Dimensionalität der Zeit ergibt, die wir messen. Augustins Frage nach der Zeit ist die Frage nach dieser ›Dehnung‹ *(distentio)*, die sich aus der Aufmerksamkeit *(intentio)* auf das Vorübergehen des Zeitlichen ergibt. Aus der Aufmerksamkeit auf das Vorübergehen des Gegenwärtigen entsteht jene Dimensionalität, die wahrzunehmen und zu messen ›der Seele gegeben ist‹. Entschieden wehrt Augustin die Ansicht, daß ›Zeit Bewegung von Körpern‹ sei, ab: »Non est ergo tempus corporis motus.« (XI, 24, 31) Es ist eine Tautologie – und kein Plädoyer für eine ›eigentliche‹ (innere, subjektive oder existentielle) Zeiterfahrung –, daß die Art und Weise, wie *für uns* Zeit erfahrbar (und meßbar) wird, nicht in der Bewegung eines Körpers besteht. Darin, wie die Bewegung und Veränderung eines Körpers wahrgenommen (sein Vorübergehen in seiner Gegenwärtigkeit erinnert) wird, gründet unsere Erfahrungsweise von Zeit. Unser Erfahren des Vorübergehens des Zeitlichen (z.B. der Bewegung eines Körpers) erklärt sich aus der ›Dehnung‹, die wir auf Grund der Erinnerung des Gegenwärtigen in seinem Vorübergehen bilden. Wie wir Zeit erfahren, das Sein von Zeit für uns, gründet in einer *distentio animi* – eine Definition, die Augustin mit auffälliger Vorsicht formuliert. ›Von daher scheint mir, daß Zeit nichts anderes ist als eine gewisse Dehnung; aber welcher Sache, das weiß ich nicht, und es wäre nicht verwunderlich, wenn nicht (eine Dehnung) des Geistes selbst‹: »Inde mihi visum est nihil esse aliud tempus quam distentionem: sed cuius rei, nescio, et mirum, si non ipsius animi.« (XI, 26, 33)

Das Verstehen von Zeit als *distentio animi* ist das Ziel des elften Buchs der *Confessiones.* Als Klärung und Erläuterung dieser ›Definition der Zeit‹ nennt Augustin die Phänomene des Er- und Vertönens einer Stimme (XI, 27, 34), des Verses ›Deus creator omnium‹ (XI, 27, 35 – 28, 37) und das ›Singen eines Liedes‹. (XI, 28, 38) Augustin thematisiert – zumindest in Conf. XI – Zeit *nicht* wie einen Gegenstand des Sehens (wo etwa nach seiner Anwesenheit gefragt wird). Er fragt nach der Erfahrung von Zeit vielmehr am ›Phänomen‹ des Hörens. Hören ist der im Innersten zeitliche – zeitlich bestimmte und Zeit bestimmende – Sinn. Die Frage nach dem Sinn des Hörens ist die Frage nach der Zeiterfahrung beim Übersetzen der Erinnerung in Äußerung. Entscheidend für die Beantwortung dieser Frage sind die Abschnitte Conf. XI, 27, 36 und 28, 37.

Mit dem Schluß von Buch XI (XI, 29, 39 – 31, 41) wendet Augustin den Grund unserer Erfahrungsweise des Zeitlichen ins existentiell Negative. Er kontrastiert der *distentio animi,* die jetzt als ›Zerdehnung des Lebens‹ erscheint, die ›Aufmerksamkeit auf das göttlich Eine‹. Die Wirklichkeit des Ewigen ist ›da vor uns‹, auf sie gilt es sich ›auszustrecken‹. Augustin spielt die Aufmerksamkeit *(intentio)* auf das Vorübergehen des Zeitlichen in seiner Gegenwärtigkeit gegen die Dimensionalität (Distentionalität) aus, die sich aus eben jener Aufmerksamkeit ergibt. Es ist ein- und dieselbe Aufmerksamkeit, die in einer Hinsicht dem Vorübergehen des Zeitlichen und in anderer der Gegenwärtigkeit der darin sich bezeugenden schöpferischen Ewigkeit gilt. Die dichotomische Entgegensetzung zwischen Ewigkeit und Zeit ist, mit anderen Worten, eine Aufspaltung der Einheit unserer Zeiterfahrung.

Ewigkeit. In den Abschnitten Conf. XI, 11, 13 und 13, 16 unterscheidet Augustin Ewigkeit von Zeit dadurch, daß jene der Ursprung der Zeiten, gewissermaßen das Ursprüngliche an dem, was in der Zeit erscheint, mitten in der Zeit ist. In den Abschnitten XI, 27, 36 und 28, 37 erklärt Augustin die Aufmerksamkeit auf das Vorübergehen des Zeitlichen, d.h. auf die ›Mitte und Wende‹ der Zeit, als die ›Intentionalität‹ aus der sich für uns unsere Erfahrung von Zeit und die des Zeitlichen konstituiert.

In Conf. XI, 11, 13 und 13, 16 expliziert Augustin die schöpferische Erscheinungsweise von Ewigkeit. Ihr ›Glanz‹ und ihre ›Erhabenheit‹ sind die Augenblicke der Ewigkeit in der Zeit. Was Augustin die ›immer stehende Ewigkeit‹ nennt, ist das schöpferische Prinzip der ›niemals stehenden Zeiten‹. Die immer stehende ist die mit allem, was in der Zeit ›ist‹, gleichzeitige Ewigkeit. Mit allem gleichzeitig ist die schöpferische Ewigkeit *zeitlos* in der Zeit. Was im Vorübergehen des Zeitlichen zugleich oder gleichzeitig ist, hat keine Länge. Es ist *gegenwärtig.* Das Gegenwärtige ist zeitlos in der Zeit. Zeitlos in der Zeit ist das Ewige. ›In ihm geht nichts vorbei. In ihm ist das Ganze gegenwärtig, während keine Zeit ganz gegenwärtig ist.‹ (Conf. XI, 11, 13) ›Nichts, was in der Zeit ist‹, vermag zu bleiben. Das Zeitliche geht aus der mit allem gleichzeitigen Gegenwärtigkeit des Ewigen hervor und durch diesen ›Ursprung‹ hindurch vorüber. Das anhaltende Vorübergehen des Zeitlichen *ist* die Gegenwärtigkeit des Ewigen in der Zeit. Darauf hat sich die Aufmerksamkeit zu richten, ›daß alles Vergangene vom Zukünftigen fortgestoßen wird und alles Zukünftige aus Vergangenem folgt, daß alles Vergangene und Zukünftige von dem, was immer gegenwärtig ist, geschaffen wird und hervorläuft‹: »omne praeteritum propelli ex futuro et omne futurum ex praeterito consequi et omne praeteritum ac futurum ab eo, quod semper est praesens, creari et excurrere« (XI, 11, 13). *Zeitfrei* ist der Ursprung von Zeit in der Zeit – ohne Zeit: *zugleich.* Das Ewige ist nicht als eine – wie immer kurz oder lang vorgestellte – Zeitspanne in der Zeit. Der ›Ursprung‹ des Zeitlichen ›hat‹ keine Zeit, sondern ist zeitfrei in der Zeit. Weil nicht im Ewigen Zeit, sondern es selbst schöpferisch in der Zeit ist, geht in dem, was wir als schöpferische Ewigkeit denken, nichts vorüber. Aus dem schöpferischen Ursprung von Zeit gehen die Zeiten hervor. Indem sie vorübergehen, zeigt sich das zeitlose Jetzt der schöpferischen Ewigkeit. Es zeigt sich jeweils jetzt zeitlos in der Zeit. ›Ewigkeit‹ ist das bleibende Vorbeigehen, das anhaltende Fließen der Zeit. Die stehende Ewigkeit ›bestimmt‹, was durch sie in der Zeit hervor- und vorübergeht. Das Zukünftige wird aus der ›stehenden Ewigkeit‹ des zeitfrei Gegenwärtigen hervorgehen wie das Vergangene, das aus ihr hervorgegangen ist. Im Vorübergehen des Zeitlichen – und solange es vorübergeht – ist die Ewigkeit des zeitfrei Gegenwärtigen kreativ und wirklich. In ihrer ›Flüchtigkeit‹ bezeugen die Zeiten die wahrhafte Gegenwärtigkeit ihres Ursprungs, der allein ›ist‹, während sie vorübergehen. ›Gefunden‹ (erkannt und geliebt) wird im Vorübergehen des Zeitlichen der ›Glanz der immer stehenden Ewigkeit‹. Es ist die zeitlose Gegenwärtigkeit, die als schöpferische Ewigkeit Gottes gedacht wird. Sie, die zu jeder Zeit gegenwärtig ist, ist es, von der ›alles erschaffen wird und aus der alles hervorgeht‹. Die ›stehende Gegenwart‹ – die weder nach den Zeiten zukünftige noch vor den Zeiten vergangene – ›bestimmt‹ die zukünftigen und vergangenen Zeiten. Auch eine ›zukünftige‹ Zeit wird so ›in der Zeit‹ sein, daß sie durch die zeitlose Gegenwart der Ewigkeit immer schon hindurchgegangen ist. Sie ›ist‹, indem sie gewesen sein wird. Alles, was in der Zeit ist, geht durch den Augenblick des Immer-Gegenwärtigen hindurch vorüber. Nicht in Vergangenem oder Zukünftigem ist die ›immer stehende Ewigkeit‹ zu suchen. Sie ist in dem, was immer gegenwärtig ist – ›gegenwärtig‹ ist als sich Entziehendes –, zu finden. Sie ist im Vorübergehen des Zeitlichen, das von ihr in der Zeit ›erschaffen wird und aus ihr hervorläuft‹, wirklich. Es kommt auf das Finden des zeitlos Kreativen in der Zeit an, das das mit allem und in allem Gegenwärtige ist.

Der Beantwortung der Frage, wie das schöpferische ›Ist‹ der Ewigkeit – in seiner ›Gleichzeitigkeit mit allem zugleich‹ und deshalb ›zeitlos und zeitfrei‹ – in der Zeit ist, dient der Abschnitt XI, 13, 16. Das ›lebendige Ist‹ der Ewigkeit ist weder ›vorher noch nachher‹, sondern jeweils und immer ›jetzt‹. Als dieses immer Gegenwärtige geht die schöpferische Ewigkeit den Zeiten voraus. Von ihr gilt, daß sie ›allem Vergangenen vorausgeht durch die Erhabenheit der immer gegenwärtigen Ewigkeit und daß sie alles Zukünftige überragt, weil es zukünftig ist und, wenn es gekommen sein wird, vergangen sein wird‹. (Conf. XI, 13, 16) Für ›die Zeiten‹ – die durch das kreative ›ist‹ der Ewigkeit hindurchgehen – gilt, daß sie so gewesen sein werden, wie sie als vergangene schon gewesen sind. Ihnen entspricht als Zeitform der Verben das Futurum der Vergangenheit. In dieser Übergängigkeit der Zeiten bezeugt sich die Erscheinungsweise der Ewigkeit. Sie ist ›zwischen‹ den Zeiten – nicht als ›eine Zeit‹, sondern als die und in der Gegenwärtigkeit des Kreativen. Das zeitfreie Sich-Gegenwärtig-Sein ist *in der Zeit außer der Zeit.* Nicht als eine gegenwärtige Zeit, sondern im Vorübergehen der Zeiten bleibt sich die Ewigkeit gleich. Sie bleibt sich gleich als das ›Heute der Gegenwärtigkeit Gottes‹. Das ›Heute‹ der Gegenwärtigkeit Gottes ist mit Zeit erfüllt. Aus ihm gehen die Zeiten hervor (so wie diese durch es hindurchgegangen sind und hindurchgehen werden). ›Deine Jahre sind ein Tag, und dein Tag ist nicht Tag für Tag, sondern heute, weil dein heutiger Tag keinem morgigen weicht; nicht nämlich folgt er einem gestrigen (nach). Dein Heute ist die Ewigkeit‹: »Anni tui dies unus, et dies tuus non cotidie, sed hodie, quia hodiernus tuus non cedit crastino; neque enim succedit hesterno. Hodiernus tuus aeternitas.« (Conf. XI, 13, 16) Das Heute schöpferischer Ewigkeit – ›Heute habe ich dich gezeugt‹, zitiert Augustin Ps. 2, 7: *Ego hodie genui te* (XI, 13, 16) – ist im Vorübergehen der Zeiten zeitfrei da: kreativ gegenwärtig. Das ›Heute der Ewigkeit‹ ist ›immer jetzt‹. Es ist mit allem, was in der Zeit vorübergeht, zugleich. Alles, was *in* der Zeit vorübergeht, geht *durch* dieses Heute, *aus* dem es jeweils jetzt ist, vorüber. Das Jetzt der Ewigkeit Gottes bleibt dadurch in sich – und ist nicht etwas, das vorübergeht –, daß es mit allem vorübergeht. Durch es geht alles vorüber, weil es das ›Prinzip‹ des Vorübergehens ist. Das ›Heute‹ der Ewigkeit ist jeweils jetzt im Vorübergehen der Zeiten da. Die Wege des in der Zeit Vorübergehenden ›kreuzen‹ oder ›schneiden sich‹ im Heute und seinem jeweiligen (erneuten wie vergangenen) ›Jetzt‹. Das Heute ist das Jetzt, das sich *zeitfrei in der Zeit, ohne Zeit jederzeit, ›ewig‹* wiederholt. Das Heute ist das ›Es-selbst‹ – das »id ipsum« bzw. »idem ipse« – der Ewigkeit, das im Vorübergehen des Zeitlichen sich selbst gleich und schöpferisch bleibt. ›Ewigkeit‹ braucht in keiner anderen Zeit als derjenigen, in der ›unsere Tage vorübergehen‹, gesucht zu werden. Das Heute der Ewigkeit bzw. Gegenwärtigkeit Gottes ist von keiner unendlichen Länge. Das Heute der Ewigkeit Gottes ist im Jetzt. Es ist im Unterschied zum Vergehen ›unserer Jahre‹ im Jetzt. Es geht im Augenblick vorüber. Im Augenblick ist das Jetzt zeitlos in der Zeit. *Der Augenblick ist das Heute der Ewigkeit Gottes in der Zeit.*

Der Augenblick wird als das Heute der Ewigkeit Gottes bewußt in den Augenblicken, in denen das Vorübergehen der Zeiten stillzustehen scheint. Diese Augenblicke gehen vorüber. Im Augenblick durchdringen sich das Vorübergehen des Zeitlichen und die immer gegenwärtige Ewigkeit. Im Augenblick, im ›Heute der Ewigkeit Gottes‹, ist beides: das Vorübergehen des Zeitlichen und die im Vorübergehen des Zeitlichen stillstehende Ewigkeit. *Im Augenblick hält das Vorübergehen der Zeit an.* Er ist das Ist der Ewigkeit, die als das schöpferische ›Heute‹ in der Zeit immer von neuem wiederkehrt. Diese Einsicht in das Heute der Ewigkeit Gottes hält Augustin – wie beiläufig – schon im ersten Buch der *Confessiones* fest. ›Und da deine Jahre nicht schwinden, sind deine Jahre dein heutiger Tag. Und wie viele schon unserer und unserer Väter Tage sind durch dein Heute vorübergegangen, und es werden noch andere hindurchgehen und ihr Maß empfangen und die Art ihres Existierens. Du aber bleibst derselbe selbst, und alles Morgige und das Danach und alles Gestrige und das Vorher: Heute wirst du es tun, heute hast du es getan‹: »Et quoniam anni tui non deficiunt, anni tui hodiernus dies: et quam multi iam dies nostri et patrum nostrorum per hodiernum tuum transierunt..., et transibunt adhuc alii et (modos) accipient et utcumque existent. Tu autem idem ipse es et omnia crastina atque ultra omniaque hesterna et retro hodie facies, hodie fecisti.« (I, 6, 10) In den Augenblicken der Ewigkeit wird das anhaltende Vorübergehen der Zeiten erblickt. In ihnen läßt sich, solange man in der Zeit ist, nicht bleiben. Das Erblicken der immer stehenden Ewigkeit ist keines, das kein Ende nähme. Die Augenblicke des Erblickens der Ewigkeit sind gewissermaßen das Endlichste. An ihnen wird einsichtig, daß das Zeitliche das ist, was ›enden‹ wird. ›Unsere Jahre werden dann alle sein, wenn sie nicht mehr sein werden‹: »nostri omnes erunt, cum omnes non erunt.« (XI, 13, 16) In den Augenblicken, in denen das schöpferische Prinzip des in der Zeit Vorübergehenden erblickt wird, erblicken wir zugleich unsere Endlichkeit. Wir kommen auf uns, die wir selbst Zeitliches, d.h. ›zum Nichtsein Strebende‹ (vgl. XI, 14, 17) sind, zurück.

Zeit ist die Form, in der wir das in der Zeit Vorübergehende und Endende ordnen. Die immer stehende Ewigkeit ›glänzt‹ in dem, was jeweils jetzt vorübergeht und endet, was jeweils jetzt sich vollzogen hat. Die Augenblicke der Ewigkeit sind in der Zeit die Knoten im Strom des Zeitlichen. Das im zeitfreien ›Schnittpunkt‹ des Übergehens von Zukünftigem in Vergangenes zeitlose Jetzt, in dem das Vorübergehen des Zeitlichen auf seinen Grund hin durchsichtig wird, ist von jeder realen Zeitdauer unterschieden. Der Augenblick des Erblickens des Gegenwärtigen vollzieht sich ›raptim‹. ›Das allein kann gegenwärtig genannt werden, was so blitzartig aus Zukünftigem ins Vergangene vorüberfliegt, daß keine Zeitdauer sich ausdehnt‹: »id solum ... praesens dicatur, (quid) ita raptim a futuro in praeteritum transvolat, ut nulla morula extendatur.« (XI, 15, 20) Das, woraus alles hervorgeht, wird ›plötzlich‹ erblickt. Auf ›deine Winke hin fliegen die Augenblicke vorüber‹. Diese Winke sind Augenblicke der Selbstgegenwärtigkeit der im Vorübergehen der Zeiten immer stehenden Ewigkeit. Sie sind ›ohne Zeit zu jeder Zeit‹ in der Zeit. Sie dauern nicht in der Zeit. Sie können sich wiederholen. Ewigkeit ist dasjenige, was schöpferisch in der Zeit ist. Das Heute der Ewigkeit Gottes ist nicht das Andere der Zeit, sondern deren ›innere Form‹. Es ist im Unterschied zum Vorübergehen der Zeiten ständig in der Zeit. Die Augenblicke der Ewigkeit sind die erfüllter Zeit. Sie sind, was wir als Grund des Vorübergehens der Zeiten denken. ›Alle Zeiten hast du gemacht und vor allen Zeiten bist du und zu keiner Zeit war nicht Zeit.‹ (XI, 13, 16) Das ist das Fazit, das Augustin aus seiner Explikation der Ewigkeit zieht. Es ist zugleich die Einsatzstelle der Frage: ›Was nämlich ist Zeit?‹ – »Quid est enim tempus?« (XI, 14, 17) Das Begreifen des kreativen und lebendigen ›Ists der Ewigkeit‹ ist ein Bemerken des anhaltenden Vorübergehens der Zeit selbst. ›Zeit‹ ist das, was inzwischen geschehen ist.

Zeit. Augustin sucht mit seiner ›Frage nach der Zeit‹ eine Antwort darauf, weshalb wir sinnvollerweise von ›kürzerer oder längerer Zeit‹ und einer ›inneren Verbindung‹ der Zeiten sprechen können. Das ›Rätsel‹, das *»implicatissimum aenigma«* (XI, 22, 28) der »Kraft und Natur der Zeit« (XI, 23, 30) führt ihn zu der Einsicht, daß ›Zeit irgendeine Art von

Dehnung‹ ist. Zeit scheint, so Augustin vorsichtig, eine ›Dehnung nicht einer Sache, sondern die des Geistes zu sein‹. (Vgl. XI, 26, 33) Als vorübergehende wird die Gegenwärtigkeit des Zeitlichen erfahren. ›Ich messe die Zeit, das weiß ich. Aber ich messe nicht die zukünftige, weil sie noch nicht ist, ich messe nicht die gegenwärtige, weil sie sich zu keinem Zeitraum ausdehnt, ich messe nicht die vergangene, weil sie nicht mehr ist. Was also messe ich? Etwa die vorübergehenden Zeiten, nicht die vergangenen. So nämlich hatte ich gesagt.‹[29] Der ›Geist‹ (animus) bezieht sich auf sich und erfährt eine ›Dehnung‹ (distentio), indem er sich auf das Vorübergehen des Zeitlichen bezieht. Wodurch? Dadurch, daß wir uns auf dasjenige, was vorübergehend in der Zeit ist, als vergangenes beziehen. Das aber ist Erinnern. Die Voraussetzung des Erinnerns als eines retentionalen (›re-präsentierenden‹) Aktes ist das Erinnern als intentionaler Akt, der ›mir jetzt‹ – im Augenblick des Erinnerns – bewußt wird. Zeit wird zur ›distentio animi‹ auf Grund der Erinnerung.[30] ›Was also ist es, was ich messe? Wo ist die kurze Silbe, mit der ich messe? Wo ist die lange, die ich messe? Beide haben getönt, sind verflogen, vergangen, sie sind nicht mehr. Und ich messe. Das kann ich nur, weil sie vergangen und beendet sind. Nicht sie selbst also, die nicht mehr sind, messe ich, sondern etwas in meiner Erinnerung, das ihr eingeprägt bleibt. – In dir, mein Geist, messe ich die Zeiten.‹ – »Quid ergo est, quod metior? Ubi est qua metior brevis? Ubi est longa, quam metior? Ambae sonuerunt, avolaverunt, praeterierunt, iam non sunt: et ego metior ... Neque hoc possum, nisi quia praeterierunt et finitae sunt. Non ergo ipsas, quae iam non sunt, sed aliquid in memoria mea metior, quod infixum manet. – 36. In te, anime meus, tempora metior.« (XI, 27, 35-36)

Die ›Retention‹ (des Erinnerns) schließt einen zeitlichen Verlauf in sich. Wir begreifen den retentionalen Akt des Erinnerns als einen, der – so wie er jetzt ein intentionaler ist – ›einmal‹ ein intentionaler war. Die Augenblicke des Erinnerns schließen (mindestens) diese beiden Zeitpunkte – vergangene und ›jetzige‹ Intention – in sich. In der Erinnerung ›bleibt‹ etwas eingeprägt, wird es in seiner zeitlichen Verschiedenheit, d.h. im Vergangensein seiner Gegenwärtigkeit erinnert. ›Zwischen‹ den zwei Gegenwärtigkeiten, die im Erinnern zusammengebracht werden, ›spannt‹ sich der Geist. So wie ich jetzt Vergangenes und meine vergangene Intention als Retention erinnere, werde ich meine jetzige Intention als ›dann‹ vergangene erinnern können – und so weiter. Die Frage nach dem Grund und der Ermöglichung der *distentio animi,* in der und durch die wir Zeit erfahren, ist die Frage nach der *praesens intentio* auf das Vorübergehen des Zeitlichen. Es ist eine Frage nach der Aufmerksamkeit auf das Gegenwärtige. *Die ›praesens intentio‹ ist der springende Punkt (in) unserer Erfahrung von Zeit.* Erinnernd werden wir darauf aufmerksam, daß das Zeitliche in seiner Verschiedenheit (d.h. Differenz und Vergangenheit) im Geist ›ist‹.

Der Abschnitt 28, 37 in Buch XI gibt die entscheidende Antwort auf die Frage, wie sich im Vorübergehen des Zeitlichen der Geist ›dehnt‹ und wir nicht nur das Vorübergehen des Zeitlichen, sondern Zeit selbst als ›distentio animi‹ bemerken. Wie werden wir auf das Gegenwärtige aufmerksam? Das Vergangene ist nicht mehr. Aber im Geist ist die Erinnerung von Vergangenem. Wenn im Geist die Erinnerung des Vergangenen ist, dann ist es eine Erinnerung vergangener Gegenwärtigkeit. Darin ist zugleich erinnert, daß das Vergangene zukünftig war und durch seine Gegenwärtigkeit hindurch Vergangenes wurde. Jedes Gegenwärtige ist das Vergangensein eines gerade noch Zukünftigen. Die Aufmerksamkeit *(attentio, intentio)* auf das, was gegenwärtig ist, zeigt sich in der Erinnerung des Vergangenen als des eben jetzt noch Gegenwärtigen bzw. Gegenwärtiggewesenen. Die *praesens intentio* ›schafft das Zukünftige ins Vergangene hinüber‹. Sie ist Erinnerung eines ›gerade noch Zukünftigen‹ als eines ›jetzt schon Vergangenen‹. In der Erinnerung bildet sich der Faden, der sich durch das vergangene Jetzt des Erinnerten und das gegenwärtige Jetzt des Erinnerns schlingt und beide verbindet. Erinnernd bemerke ich, was zwischen dem Erinnerten und seinem jetzigen Erinnertwerden ist. Zwischen dem Erinnerten und seinem Erinnertwerden ist Zeit vergangen. Die Erinnerung ›umspannt‹ zurücklaufend (retentional) das vergangene Jetzt und von da vorlaufend (protentional) das Jetzt des Erinnerns von Erinnertem. In der Gegenläufigkeit von Retention und Protention wird bewußt, daß in der Gleichzeitigkeit des Gegenwärtigen das Geschehen von Zeit präsent ist. *Im Augenblick der Erinnerung hält das Vergehen des Zeitlichen in der Zeit an.*

Was für das vergangene Jetzt gilt, das jetzt erinnert gegenwärtig wird, gilt auch für das jetzt Gegenwärtige. Es wird als das jetzt Gegenwärtige wieder erinnert werden. Es ergibt sich gleichsam eine Zeitversetzung. Das jetzt Gegenwärtige läßt sich vom vergangenen Jetzt her als selbst Vergehendes, als ›dann‹ zu Erinnerndes, betrachten. Auf das Vergangene (Erinnerte) zurücklaufend, läuft die Erinnerung in das Vergehen des jeweils jetzt Gegenwärtigen vor. In dieser Gegenläufigkeit der Erinnerung ist das Fließen der Zeiten ›aufgehoben‹ – durchbrochen und bewahrt. Die Schleife des Zeitlichen in der Zeit, die es seinem Vergehen bzw. Vergangensein ›enthebt‹, schlingt sich in das Fließen der niemals stehenden Zeiten zurück. Die andauernde Aufmerksamkeit als Grund und Ermöglichung der ›Dehnung des Geistes‹ setzt das Vorübergehen des Zeitlichen gerade *nicht* außer Kraft. Das Bemerken der (zwei oder mehr) verschiedenen ›Jetzte‹, durch das sich für uns Zeit konstituiert, setzt das Vorübergehen des Zeitlichen vielmehr voraus. ›Und wer bestreitet, daß die gegenwärtige Zeit der Ausdehnung entbehrt, weil sie im Augenblick vorübergeht? Aber dennoch dauert die Aufmerksamkeit, durch die hindurch dasjenige, was herankommt, fortfährt wegzusein‹: »Et quis negat praesens tempus carere spatio, quia in puncto praeterit? Sed tamen perdurat attentio, per quam pergat abesse quod aderit.« (XI, 28 37)

Die *attentio* auf das, was *in puncto* vorübergeht, ist die Grenze zwischen Zukünftigem und Vergangenem. Abstrakt betrachtet, fallen die Dimensionen der Zeit auseinander: zu der Abstraktion des Noch-*Nicht*-Seienden, der des *Nicht*-mehr-Seienden und der eines ›Gegenwärtigen‹, das keine Ausdehnung hat und *nichtig* ist. Konkret betrachtet, ist die *attentio* auf das Gegenwärtige als Übergang zwischen Zukünftigem und Vergangenem der Schnittpunkt des ›Gegenwärtiggewesenseins von Zukünftigem‹. Dieser Schnittpunkt – das Gegenwärtige, das ›*in puncto praeterit*‹ – ist ›ausdehnungslos‹. Was sich dehnt, ist die Aufmerksamkeit auf die Übergängigkeit des Gegenwärtigen. Uns erinnernd blicken wir auf Vergangenes zurück und werden uns zweier Gegenwärtigkeiten bewußt. Wir erinnern eine vergangene Gegenwärtigkeit. Die Gegenwärtigkeit ›jetzt‹ begreifen wir als eine, die vergangen sein wird – und jetzt in der andauernden Aufmerksamkeit schon erinnert ist. Im Augenblick der Gegenwärtigkeit durchdringen sich die Gegenwärtigkeit des Zukünftigen, die Gegenwärtigkeit des Gegenwärtigen und die Gegenwärtigkeit des Vergangenen. Die Dimensionen der Zeit stellen ein selbstvergessenes Andenken von Zeit in ihrer Gegenwärtigkeit dar, in dem aus Vergangenheit auf Gegenwart und Zukunft geschlossen wird. Die in ihre Dimensionen geteilte Zeit ist das andenkende Gedächtnis von Zeit. Die Dimensionen der Zeit sind ein der Gegenwärtigkeit des Sich-Vollziehens von Zeit entledigtes Gedächtnis der Zeit. Aus dem Augenblick, in dem sich die Gegenwärtigkeit des Zukünftigen, die des Gegenwärtigen und die des Vergangenen durchdringen, gehen alle Zeiten (für mich) hervor. Dieses immer Gegenwärtige, von dem alle Zeiten ›erschaffen werden und aus ihm hervorgehen‹, aber ist der ›Glanz der immer stehenden Ewigkeit‹. (XI, 11, 13) Die Ewigkeit Gottes ist schöpferisch in Beziehung zur Zeit. ›Zeit‹ ist der Inbegriff des Endlichen, weil die Ewigkeit mitten in ihr vorübergeht. Sie wird im Augenblick ihrer Gegenwärtigkeit erblickt. In diesen Augenblicken hält das Vorübergehen des

Zeitlichen an. Die Zeiten selbst ›sind‹ für uns erinnert. Erinnert spannen sich die Zeiten zwischen den Augenblicken der Gegenwärtigkeit, in denen wir im Vorübergehen der Zeiten durch die ›Schlinge‹ der Erinnerung dieses Vorübergehen selbst bemerken und zu ihm zurückkehren. Nicht ›die Zeiten‹ halten wir als Zeit fest, sondern das, was inzwischen, sozusagen unbemerkt, vergangen ist.

Wir kehren mit jedem Augenblick aus der in ihm gegenwärtigen Ewigkeit in unsere Endlichkeit, dieser uns entsinnend, zurück. Wir gehen über unsere Endlichkeit hinaus, indem wir uns auf sie besinnen und auf sie zurückkommen. Das, was inmitten dieser Augenblicke der Erinnerung geschieht (vorübergeht und sich erfüllt), ist ›Zeit‹.

4. Trinitätslehre als Theorie des Geistes: »De trinitate«

4.1 Trinitätsspekulation als durchgängiges Motiv

Augustin leitet für das Denken der Trinität den Ausdruck ›Spekulation‹ (im Hinblick auf 1. Kor. 13, 12) von *speculum* im Unterschied von *specula* (Beobachtungsanhöhen) und *speculari* (›spähen‹, einem militärtechnischen Terminus) ab: »*Speculantes* dixit, *per speculum* videntes, non de specula prospicientes.« (De trin. XV, 8, 14) Trinitätsspekulation ist ›Spiegeldenken‹: Reflexion der Trinität im Bewußtsein.

Das Denken der Trinität betrifft in theoretischer (und vielleicht nicht nur in theoretischer) Hinsicht das Innerste des christlichen Denkens Augustins. *»Deus autem trinitas«*.[31] Der springende Punkt in der reflexiven Selbstentfaltung des trinitarisch gedachten Gott ist der ›Geist‹. Die Definition »deus = trinitas« bedeutet, daß die göttliche und die menschliche Natur zusammengehören. Denken der Trinität erweist sich als Selbstreflexion des Geistes, der in seinen Grund geht, wenn wir unser Denken als Entsprechung eines schöpferischen Prinzips denken. »*Spiritus* ergo et *dei* quo dedit et noster qui accipimus.« (V, 14, 15) ›Geist‹ ist die (trinitarische) Struktur sich selbst denkender Beziehung. Denken der Trinität wird zum Denken der trinitarischen Struktur des Denkens. Denken der Trinität erweist sich als Selbstreflexion des Geistes, der einen schöpferischen Grund der in der Zeit erscheinenden Natur denkt. Gerade im Hinblick auf diese Natur der Trinität wird Hegel mit vollem Recht resümieren, daß das »Zusammenbinden der ungeheuersten Gegensätze ... das ungeheure Moment im Christentum (ist)«.[32] Die trinitarische Selbstreflexion des Geistes ist ein Denken der Einheit der göttlichen und menschlichen Natur. Die Lehre der Trinität ist eine Theorie des Gott denkenden Geistes. Es ist ein Denken von Beziehung. Denken von Beziehung ist ein Denken von Vermittlung – es ist die Rekonstruktion des Vermitteltseins desjenigen, was wir in der Reflexion als göttliche und menschliche Natur unterscheiden. Dieser Kerngedanke der Trinität läßt sich schöpfungs- und bewußtseinstheoretisch fassen. ›Schöpfungstheoretisch‹ ist das Denken der Trinität die Reflexion eines schöpferischen Prinzips von Natur. Es ist das Denken der Trinität als Selbstbeziehung schöpferischer Natur. Trinitarisch wird Gott gedacht als die schöpferische Natur (*natura creatrix,* XV, 1, 1), die der erscheinenden Natur (dem Kreatürlichen, den *creata*) als ›ungeschaffene Natur‹ (*natura non facta,* XIV, 12, 16) zugrundeliegt. Die Denkform, in der über die Trinität als Gegenstand nachgedacht wird, ist selbst trinitarisch. Ein schöpferischer *Grund* wird in seinen *Erscheinungen* zum Gegenstand des *Denkens,* das jenen Grund in diesen Erscheinungen erkennt und als die Vermittlung beider zu denken ist. Das Denken der Trinität ist ›bewußtseinstheoretisch‹ Ausdruck eines Denkens, das in seinen Grund geht. *›In-seinen-Grund-gehen‹* heißt, die schöpferische Natur nicht als eine andere, sondern als diese in der veränderlichen und in der Zeit erscheinenden Natur zu erkennen. ›In-seinen-Grund-Gehen‹ bedeutet ein Zugrundegehen aller Vorstellungen, die von Gott als von einer anderen Natur sprechen als der, die wir denkend zu erinnern vermögen und die auf diese Weise als Grund des Denkens in uns ist.

Die folgenden Hinweise werden sich auf den bewußtseinstheoretischen Aspekt der Trinitätslehre beschränken.

Diese Beschränkung legt sich nicht zuletzt deshalb nahe, weil Augustin selbst die ›Spuren der Trinität‹ in der Analyse der Akte unseres Bewußtseins gewinnt.

Zwei Bemerkungen seien vorausgeschickt. 1) Das Reden von der Trinität, insbesondere von den ›drei Personen‹, ist ein sprachlicher Notbehelf. ›Diese Wörter gebraucht man wegen der Not der Rede‹. Diese – mythologische – Rede ist mißverständlich und ihr Grund allein der, ›nicht zu schweigen‹.[33] 2) Die Lehre der Trinität ist eine Analyse und Selbsteinsicht des Denkens gerade in methodischer Hinsicht. Trinitarisch ist die Form des Denkens, die als Trinität zu dessen Gegenstand wird. Für das Denken der Trinität gilt der programmatische Anspruch, daß ›der Glaube sucht und die Einsicht findet‹: »Fides quaerit, intellectus invenit.« (XV, 2, 2) Trinität ist nicht die Suche nach einem Denktranszendenten (zu dem etwa nur in transmentalen Aufstiegen wie zu einem Mysterium zu gelangen sei). Denken der Trinität ist gewissermaßen programmatischer Antidualismus. Ein Leitmotiv ›christlichen‹ Trinitätsdenkens ist es, daß wir die Grenzen unserer Natur nicht zu überfliegen vermögen und auch nicht zu überfliegen brauchen. (Vgl. IV, 15, 20; VIII, 7, 11) Was findet sich innerhalb der Grenzen unserer Natur und Erfahrung? ›Alles, was wir wissen, können wir nur durch unseren Geist, unser Denken‹ wissen: »omnia quae scimus non nisi mente scire possimus.« (XIV, 5, 8) Was findet sich in der und als Selbsterkenntnis des Geistes? Die Beantwortung dieser Frage führt darauf – und das leitet in das Denken der Trinität über –, daß die Akte des Bewußtseins sich nicht im bloßen Ablauf gleichsam programmierter Mechanismen vollziehen. Denken vollzieht sich vielmehr in Graden der Bewußtheit und Intentionalität. ›Denken wir der Natur des Geistes nach, so finden wir nicht, was wir nicht wußten, sondern stoßen auf etwas, was wir schon wußten, aber nicht eigens bemerkten‹, heißt es De trin. XIV, 5, 8. Beim Denken der Trinität geht es um ein Zurückkommen auf dasjenige, was im Denken als sein Grund zu finden ist.

Vorläufer Augustins im Denken der Trinität ist Marius Victorinus.[34] Dieser greift die begrifflichen Mittel von Plotins Einheitsmetaphysik und Hypostasenlehre auf, um den biblischen Mythos der Trinität geisttheoretisch zu deuten. Schon bei Marius Victorinus zeichnet sich das spezifisch Neue des christlichen Denkens der Trinität ab. Was wir als Schöpfung denken, ist *nicht Hervorgang* (Hypostasierung oder Emanation) einer Kraft und einer Form aus einem Sein (*progressio* potentiae et formae), sondern *Erscheinung (apparentia)* desjenigen, was als sein schöpferisches Prinzip gedacht wird.[35] Das ›schöpferisch Eine‹ ist nicht jenseits dessen, was wir erscheinend erfahren und denken, sondern ›diesseits‹. Es ist, was wir als schöpferisches Prinzip des in der Zeit Erscheinenden begreifen. Es ist, solange zeitlich Erscheinendes (Vielheit) ist. Augustin knüpft mit seinen Überlegungen zur Trinität bei dieser Transformierung der plotinischen Einheitsmetaphysik im christlichen Platonismus von Marius Victorinus an. In *De vera religione* deutet Augustin das *›unum ipsum‹* (das Eine selbst) als die ›schöpferische Trinität‹ *(trinitas creatrix)*, von der jede Natur ist, sofern sie ›ist‹. ›Jedes Ding oder jede Substanz oder jede Wesenheit oder Natur (oder wie man es immer nennen mag)‹ – Augustins Desinteresse an kategorialen Festlegungen wird deutlich (vgl. auch De trin. II, 18, 35) – zeige ›dreierlei‹: es ist ›Eines‹, wird durch die ihm eigentümliche ›Form‹ von den übrigen unterschieden und gehört in die ›Ordnung‹ der Dinge. In der sich wechselseitig durchdringenden Dreiheit von *unum, species, ordo* erscheint die ›Ewigkeit der Trinität‹ in der ›Veränderlichkeit der Schöpfung‹ (vgl. De vera rel. 7, 13; 8, 14). Das ›Eine‹ ist, als ›Prinzip‹ des Erscheinens, das ›Es selbst‹ (*id ipsum,* De trin. II, 18, 35) schöpferischer Selbstbeziehung, das im Erscheinen von *creatura* wirklich ist. Denken wir uns als Teilhabe an diesem ›ursprünglich Einen‹ *(unum principale)*, so ist dies Denken die Form von dessen Erscheinung. Wir denken Ähnlichkeit, Übereinstimmung (Gleichheit) als den Grund unseres Urteilsvermögens über Ähnliches, Übereinstimmendes (usw.). Diese Struktur von ›ursprünglich Einem (Grund), Einheit als seiner schöpferischen Erscheinung und Erkenntnis des ursprünglich Einen in seiner Erscheinung‹ deutet – kosmologisch bzw. metaphysisch gewendet – die creatura als Erscheinungsweise schöpferischer Selbstbeziehung. Das *unum principale* ist zu denken als *trinitas creatrix*.

Die Trinität ›füllt die Lücke‹ zwischen dem intelligiblen Einen und der veränderlichen Welt. Augustin ›vergröbert‹ die Trinität zum reinen Gedanken von Vermittlung. Durch ihre und in ihrer Form ist die Kreatur Erscheinung ihres schöpferischen Ursprungs. Diesen schöpferischen Ursprung im kreatürlich Erscheinenden zu erkennen, ist ›Rückkehr‹ in diesen Ursprung. ›Trinität‹ ist die Vorstellung für den Zusammenhang zwischen dem ›Ursprung, zu dem wir zurückeilen‹, der ›Form‹, der wir folgen, und der ›Gnade‹, durch die wir versöhnt werden. ›Ursprung, Form, Versöhnung‹ sind die drei Momente der Denkform, die wir mit der Trinität als ein ontologisches, einheitsmetaphysisches Prinzip vorstellen. Augustin gelangt in *De vera religione* noch nicht darüber hinaus, Einheit als einen Gegenstand ›Trinität‹ (kosmologisch oder ontologisch oder intelligibel) zu hypostasieren. Doch steht gegen Ende von *De vera religione* das für die Trinität als Reflexion der Selbsteinsicht des Denkens bedeutsame Postulat, daß ›zwischen dem Geist, in dem wir Gott erkennen, und der Wahrheit, durch die wir ihn erkennen, keine Kreatur (dazwischen) gesetzt ist‹. (Vgl. De vera rel. 55, 113) ›Zwischen‹ dem Geist, der Gott denkt, und dem als Gott Gedachten, ist nur das Denken dieser Beziehung selbst. ›Trinität‹ wird zum reinen Gedanken von Vermittlung. Es erfüllt sich als Beziehungsdenken und als Denken von Beziehung.

Im Kommentar und der Allegorese von Gen. 1 kommt Augustin in Buch XIII der *Confessiones* auch auf die Trinität zu sprechen. Der Abschnitt Conf. XIII, 11, 12 markiert jenen Einschnitt in Augustins Verständnis der Trinität, der im Genitiv ›Denken der Trinität‹ diese nicht mehr nur Objekt, sondern auch Subjekt sein läßt. Das Denken trinitarischer Beziehung ist keine mythologische (oder kosmologische oder ontologische) Projektion, sondern (primär) ein zu analysierendes bewußtseinstheoretisches Datum. Diese bewußtseinstheoretische ›Wende‹ im Denken der Trinität besagt, daß die Prinzipien des Denkens in der Reflexion über die Gegenstände des Denkens selbst mitbedacht werden müssen. Es ist die Evidenz der selbstreflexiven Natur des Geistes, die Augustins Frage nach der Trinität zur Analyse des Grundes und der Form der selbstreflexiven Natur des Geistes werden läßt. Augustin leitet die Wende zur bewußtseinstheoretischen Analyse des Denkens der Trinität im dreizehnten Buch der *Confessiones* mit dem Wunsch ein, die ›Menschen möchten diese drei, die in ihnen selbst sind, denken‹ – nämlich: »sein, wissen wollen«. Er erläutert diesen Ternar wie folgt: ›Ich bin nämlich und weiß und will. Ich bin wissend und wollend und ich weiß, daß ich bin und will, und ich will, daß ich bin und weiß.‹ (Conf. XIII, 11, 12) Die selbstbezügliche Struktur von ›Sein, Wissen und Wollen‹ sei Erscheinungs- und Reflexionsweise des ihr zugrundeliegenden ›untrennbaren Lebens‹, das ›ein Leben und ein Geist und ein Wesen‹ sei. In der reflexiv sich ergebenden Dreiheit von ›Sein, Wissen und Wollen‹ sei die ›Unterscheidung‹ *(distinctio)* der drei Momente des Ternars gerade Ausdruck der den unterschiedenen Drei zugrundeliegenden Einheit. Die Unterschiedenheit ist unabtrennbar von der Einheit, insofern *inseparabilis distinctio et tamen distinctio.* Zur Erläuterung dieser ›Einheit von Unterschiedenheit und Einheit‹ fügt Augustin die methodische Direktive hinzu, daß ›jeder sich selbst vor sich habe‹. Für das Verständnis der Einheit von Unterschiedenheit und Einheit kommt es darauf an, ›auf die Akte des Denkens selbst aufzumerken‹. Damit ist folgender methodischer Wandel im Denken der Trinität vollzogen. 1) Die

Analyse des ›Gegenstandes‹ Trinität wird zu einer Analyse des Denkens der Trinität. ›Denken der Trinität‹ ist das Programm einer Theorie der Selbsteinsicht des Geistes, in der ›das Denken gedacht wird‹: »cogitatio cogitatur«. (De trin. XV, 9, 16) ›Trinität‹ ist der reflexiv einzuholende Grund des Bewußtseins. 2) Das Denken der Trinität ist ein Denken der ›Einheit von Unterschiedenheit und Einheit‹, der *inseparabilis distinctio et tamen distinctio.* Was als ›göttlich Eines‹ gedacht wird, ist der schöpferische Grund in der und durch die Verschiedenheit des kreatürlich Erscheinenden. 3) Das zeigt sich gerade im Zurückkommen zur Evidenz des eigenen Daseins. Diese ist kein Denkprodukt. Was wir in uns ›finden‹, ist die Kontingenz des Intelligiblen, die Abhängigkeit des Denkens von ›Sein und Wollen‹ – die wir selbst als solche zu denken vermögen, wodurch sich die Momente der Trinität zur Selbstbeziehung des Lebendigen zusammenschließen. ›Denken, Wissen (Einsicht)‹ gehören in die Struktur von ›Sein und Wollen‹. Ohne ›Intentionalität‹ sind die Bewußtseinsakte nicht zu denken. ›Bewußtsein‹ selbst ist Ausdruck von Intentionalität. ›Bewußtsein fällt mir nicht zu‹, ebensowenig ist es in einem Prinzip ›Intellegibilität‹ garantiert: ›Ich muß mein Bewußtsein wollen‹. 4) Im Denken finden wir die Abhängigkeit des Denkens von Sein und Wollen. Wir finden (denken) die wechselseitige Abhängigkeit von *›Sein, Wissen und Wollen‹* als wechselseitige Beziehung. Wir finden in uns die Relationalität von ›Sein, Wissen und Wollen‹ als Erscheinung des zugrunde liegenden ›einen Lebens‹. Durch die Relationalität von ›Sein, Wissen und Wollen‹ erklärt sich die Möglichkeit der Selbstbeziehung von Lebendigem, die wirklicher Identität. Wir erfahren Beziehung-in-sich als Beziehung-auf-Anderes. Das gilt für das Wollen von und die Einsicht in diese Identität selbst. Die Relationalität von ›Sein, Wissen und Wollen‹ ist die ›Spur‹ der Trinität in uns, als deren Entsprechung die schöpferische Natur Gottes gedacht wird. Wir denken die Trinität als ›schöpferische‹ Entsprechung zur ›Spur der Trinität in uns‹, denken wir uns als einem schöpferischen Ursprung uns verdankend.

Denken der Trinität wird zum Bild der Trinität in uns. Es wird insofern zum Bild – so Augustins Erläuterung in *De civitate dei* 11, 26 –, als wir ›sind und wissen, daß wir sind, und dies unser Sein und Wissen lieben‹. Die Selbstreflexion der eigenen Existenz führt auf die wechselseitige Beziehung von *›Sein, Wissen und Lieben‹*. Diese wechselseitige Beziehung hat ihr Fundament (ihr Gewißheitskriterium) in der unbezweifelbaren Evidenz des eigenen Daseins. ›Wenn ich mich täusche, bin ich.‹ Und die ›Liebe, zu sein und zu wissen‹, ist Gewißheit ihrer selbst. Im *Wissen* um das *Wollen*-müssen von Einsicht, die in der Gewißheit faktischen *Seins* gründet, findet sich die trinitarische Struktur, die wir als unschöpferische Entsprechung der Trinität, die Gott ist, denken, wenn wir sie als schöpferisches Prinzip vorstellen. Mit Grund können wir den trinitarischen Gott zu einem Denkgegenstand machen, wenn wir in uns jene Strukturen finden, von denen wir – rekonstruktiv – sagen, daß es Spuren der Trinität sind. Finden wir in uns das ›Bild‹, so ist es gleichsam denknotwendig ursprünglich, daß wir es als ›Bild von etwas‹, als ›Erscheinung‹ seines ›Grundes‹ denken.

Das Bild der Trinität, das wir in uns – d.h. im seiner selbst bewußten Vollzug lebendigen Daseins – finden (und lieben), ist das von ›Sein, Wissen und Liebe‹. Es ist in diesem Ternar die Liebe, die als Selbstverhältnis von Lebendigem in uns bezeugt, was wir als Trinität denken. Die Einsicht, daß ›Gott die Liebe ist‹ (1. Joh. 4, 16), ist der ›Ort‹, von dem Augustins ›Trinitätsspekulation‹ in *De trinitate* ausgeht. Erkennen, was Liebe ist, bedeutet Erkenntnis Gottes. Augustin folgert aus 1. Joh. 4, 16: ›Warum gehen wir und eilen in die Höhen der Himmel und die Tiefen der Erde, und suchen den, der bei uns ist, wenn wir bei ihm zu sein wollen‹: »Ecce, *deus dilectio est.* Utquid imus et currimus in sublima caelorum et ima terrarum quarentes eum qui est apud nos si nos esse velimus apud eum?« (De trin. VIII, 7, 11) Wie erscheint ›Liebe‹ in uns?[36] Das ist das Phänomen, das den Ausgangspunkt von Augustins Überlegungen zur Trinität bildet. Wenn man die Liebe sieht, sieht man Gott, heißt es De trin. VIII, 8, 12. Der delphische Imperativ des ›Erkenne dich selbst‹ erfüllt sich, mutatis mutandis, im Motiv des ›Erkenne, was Liebe ist‹. Erkenntnis der Liebe ist Erkenntnis Gottes. ›Wer kann lieben, was er nicht kennt?‹, fragt Augustin De trin. XIII, 4, 7 rhetorisch. Was finden wir in uns als ›Liebe‹, wenn wir diese nicht – etwa als bloße Emotion – dem Denken entgegengesetzt denken? In der Antwort auf diese Frage legt Augustin die trinitarischen Strukturen unseres Bewußtseins und seines Grundes frei. Schon in der ›sinnlichen Liebe‹ finde sich die trinitarische Struktur von ›Liebendem, Geliebtem und der Liebe‹ selbst (der Liebe als *amor:* als Einheit bzw. als Streben nach Einheit des Verschiedenen). Wie findet sich Liebe im Geist, in der *mens?* Die Frage nach der Wirklichkeit der Liebe in unseren Bewußtseinsakten ist der ›Ort‹, an dem nach der Trinität zu fragen ist. (Vgl. XIII, 10, 14)

Augustins erste Antwort auf die Frage nach einem sinnvollen Denken der Liebe ist die Einsicht, daß sich ›Geist, Kenntnis und Liebe‹ – *mens, notitia, amor* – wechselseitig bedingen. (IX, 4, 4; 5,8) ›Geist‹ selbst ist in konkreter Lebendigkeit Intentionalität. Sein Grund ist das ›Verlangen zu wissen‹: *appetitus quidam quo nosse volumus.* (IX, 12, 18) Die *mens* ist der Grund der Erkenntnis – Verlangen, das sich in den *notitiae* erfüllt. Diese sind als Erkenntnisakte jeweilige Verwirklichungen des Erkenntnisgrundes, der sich durch die Akte des Erkennens hindurch fortsetzt. ›Liebe‹ ist das Zur-Ruhe-Gelangen des Erkenntnisgrundes in den Erkenntnisakten. ›Geliebt‹ wird in den Erkenntnisakten der Erkenntnisgrund. ›Liebe‹ ist die ›Versöhnung‹ von Erkenntnisgrund und Erkenntnisakt, deren Wirklichkeit sich in gelingendem Erkennen bezeugt.

Worin gründet die Möglichkeit der (liebenden) Beziehung auf sich in der (erkennenden) Beziehung auf Anderes, die den Geist zum Bild der Trinität werden läßt? Wie läßt sich die Zusammengehörigkeit von *mens, notitia, amor* selbst begründen? Was ist der Grund des Bewußtseins, der in den Akten des Erkennens seine Wirklichkeit erfährt und die Zusammengehörigkeit dieser Akte ermöglicht? Die Beantwortung dieser Frage ist der Punkt, an dem Augustins Überlegungen zur Trinität zur Analyse der Tätigkeit des Bewußtseins werden. Es ist der Punkt, an dem nach Gott als nach dem Grund des Bewußtseins gefragt wird.

4.2 Die Lehre der Trinität als Bewußtseinsanalyse: Von der Erinnerung als dem Grund des Denkens

Die trinitarische Selbstentfaltung des Geistes ist eine Analyse des Grundes unserer Bewußtseinsakte. Dieser Grund der Bewußtseinsakte – und damit der Grund der Lehre der Trinität – ist die Erinnerung. Das Denken der Erinnerung ist der Grund der Lehre der Trinität. Erinnerung von Einsicht ist dasjenige, was Denken im Grunde ist. Das Finden trinitarischer Strukturen im Denken ist ein Finden der in der Erinnerung fundierten und als Erinnern sich vollziehenden Beziehung des Geistes auf sich selbst. ›Erkenntnis der Beziehung des Geistes auf sich selbst‹ ist ein Erkennen des ›Geistes in seinen Akten‹. Was wir dadurch (›in uns‹) finden, ist die ›Spur‹, durch die wir ›Geist‹ als Beziehung-auf-Anderes und als ›Bild‹ jener ›Beziehung-auf-Anderes‹ denken, die wir schöpferisch als Gott vorstellen und die mit der Formel *deus=trinitas* bezeichnet wird. Denken der Trinität ist eine Selbstreflexion des Geistes, wenn wir Gott im Grunde der Erinnerung finden. Denken der Trinität ist Selbstentfaltung und Selbstexplikation des ›Funkens der Vernunft, in dem zum Bild Gottes gemacht‹ wir uns denken – der »scintilla rationis, in qua factus est (homo) ad imaginem Dei«. (Civ. 22,

24) Es ist die Erinnerung des Grundes (Fundus sowohl wie Motiv) aller Bewußtseinsakte.

Augustin unterscheidet (De trin. X, 11, 18) zwischen der memoria, die, bezieht sie sich auf sich selbst *(ad se ipsam)*, ›Leben und Geist und Substanz‹ genannt wird, und der memoria, die sich auf etwas bezieht *(ad aliquid)* und ›bezügliche‹ *(relative)* heißt. In ihrer Beziehung auf etwas – das Erinnerte – können wir die *memoria* als Gedächtnis betrachten. In ihrer Beziehung auf sich selbst erkennen wir die Erinnerung als die Kraft des Lebens, wir erkennen (und wollen) sie als unsere Kraft des Lebendigen. ›Ich erinnere nämlich, daß ich Erinnerung und Einsicht und Wille habe, und ich sehe ein, daß ich einsehe und will und mich erinnere, und ich will, daß ich will und mich erinnere und einsehe, und mein ganzes Erinnern und die Einsicht und den Willen erinnere ich gleichzeitig.‹ Erinnern ist Ausdruck des Willens zu erinnern. Erinnern will ich dann, wenn der Wille zu erinnern durch die Erinnerung und in der Erinnerung entsteht. Er entsteht, wenn ich mich erinnere, daß ich schon erinnert habe – und sei es dadurch, daß ich auf mein Vergessen stoße. Es ist ein ›innerer Vorgang‹, der sich iterierend auf sich selbst bezieht, indem ich mich ›aufmache‹ – zu erinnern. Erinnerung ist der lebendige Grund des Denkens. Sie ermöglicht die Struktur an Selbstbezüglichkeit in der Beziehung auf Anderes (Vergessenes, zu Erinnerndes), die die dreigliedrige Struktur des Geistes in seiner lebendigen Tätigkeit fundiert. Es ist die von *›memoria, intellegentia und voluntas‹*. ›Ebenso, was immer ich einsehe, von dem weiß ich, daß ich es einsehe, und ich weiß, daß ich will, was immer ich will; was immer ich aber weiß, das erinnere ich. Die ganze Einsicht folglich und meinen ganzen Willen erinnere ich‹. (X, 11, 18) In den Akten des Denkens gehören Erinnern, Einsehen und der Wille (zum Erinnern, Einsehen und zum Wollen des Erinnerns und Einsehens) zusammen. Das Vermögen der Erinnerung ist der lebendige Grund des Geistes, es ist als der Wille zum Erinnern wirklich. Diese Wirklichkeit des Erinnerungsvermögens ist die Tätigkeit des lebendigen Geistes. In der konkreten Tätigkeit des Geistes sind Sich-Erinnern, Einsehen und Wollen ›ein Leben, ein Geist, ein Wesen‹: *una vita, una mens, una essentia.* (X, 11, 18) Daß das Vermögen der Erinnerung Selbstgegenwärtigkeit ermöglicht, besagt nicht, daß die *mens* bzw. der *animus* dauernd in dieser Selbstgegenwärtigkeit – der augenblickshaften Akte bemerkten Erinnerns – verharren würde oder auch nur könnte. Erinnern geschieht in der und in ihm ist ›Zeit‹. Es ist keine Entrückung in Zeitlosigkeit. ›Wir sehen ein, begehren, fürchten uns, erinnern, vergessen.‹ (Conf. X, 25, 36) Durch die Intermittenzen des Vergessens ist das Vergehen der Zeit in der Erinnerung. Gerade weil wir nicht in der Selbstgegenwärtigkeit der Augenblicke des Erinnerns zu verharren vermögen, bedürfen wir des Vermögens der Erinnerung. In der Erinnerung kommt das Vergehen der Zeit nicht zum Stillstand. Das Vergehen der Zeit hält in ihr vielmehr an.

Die Augenblicke der Sehkraft des Geistes sind transitorisch. Sie gehen in der Zeit vorüber. Im Gelangen zu dem, was im Vergehen der Zeit ›ohne zeitlichen Vorübergang steht‹, läßt sich nicht bleiben. Die Sehkraft des Geistes wird von diesen Augenblicken zurückgeworfen (›reflektiert‹). Das Denken einer nicht-transitorischen ›Sache‹ ist selbst transitorisch. Es bedarf der Erinnerung. Das Nicht-Transitorische ›ist‹ in der Erinnerung – als der Wunsch und Wille ›wiederholender‹ Wiedererinnerung. Wir können durch das Denken das Vergehen des Zeitlichen – auch des Denkens selbst in seiner ›Zeitlichkeit‹ – nicht tilgen. Denken geschieht in der Zeit und ist deshalb gezwungenermaßen *›cogitatio transiens‹*. (Vgl. De trin. XII, 14, 23) Erinnernd kehrt das Denken jeweils zu sich selbst zurück. Wir kehren zu ihm – wie den Gegenständen des Wissens – als in der Erinnerung enthaltenes und wiederzufindendes zurück. ›Wiedererinnern‹, d.h. zeithaft Zerstreutes in der Erinnerung zusammenzubringen, ist die Grundstruktur der ›cogitatio transiens‹. Denken wird als Erinnern und Sich-Entsinnen zur

Wiedererinnerung dann, wenn der ursprüngliche Erinnerungsvorgang in ›angemessenen Zeiträumen‹ wiederholt wird.[37] In der Erinnerung taucht der *Wille* zu erneuter *Einsicht* auf. ›Wiedererinnern‹ ist Intentionserfüllung, wird eine Einsicht (Erinnertes), nachdem sie ›vergessen‹, d.h. nicht-aktual erinnert war, in ihrer ›jetzt dann vergangenen‹ Ursprünglichkeit ›wiederholt‹. Denken ist Selbstbeziehung in der Beziehung auf anderes auf Grund des Erinnerungsvermögens, das in der Verschiedenheit des Gedachten und desjenigen, dessen gedacht wird, sich durchhält. Die Verschiedenheit des Gedachten ist durch das Erinnern das zeitbedingt-transitorische Moment der Akte des Denkens selbst. Im Erinnern wird das Erinnerte nicht gleichsam aus der Zeit heraus konserviert. Es – wie das Erinnern selber – wird als in der Zeit sich vollziehendes erinnert. Erinnern wir uns dabei nicht nur des Gedachten, Erinnerten, sondern auch des Erinnerns selbst, so kommt es zur Einsicht in die Vielfältigkeit der Gegenwärtigkeiten, die durch die Erinnerung gleichzeitig im Denken sind. Augustin erläutert das daran, wie ›Rhythmus‹ und ›Melodie‹ erfaßt werden. Die *›numerositas soni‹* erklingt nicht ›vor‹ oder ›nach‹ dem Erklingen der in der Zeit erklingenden und in der Zeit vorübergehenden Töne. Die *›numerositas soni‹* wird im Vergehen der erklingenden Töne erfaßt. Sie wird im Vergehen der Töne in der Zeit mit diesen gleichzeitig, d.h. als ›ohne Zeit in einem gewissen verborgenen und hohen Stillschweigen stehend erfaßt‹: »soni per moras temporis transeuntis numerositas comprehendatur sine tempore stans in quodam secreto altoque silentio.« (XII, 14, 23) Der Rhythmus einer Melodie wie ihre Schönheit werden erinnernd, in der Erinnerung ›vorausblickend-zurückblickend‹ erfaßt. Das Hören von ›Rhythmus und Melodie‹ bedingt keine Entzeitlichung des Denkens. Es setzt vielmehr die Bereitschaft zur ›Verzeitlichung‹ voraus.

›Erinnern‹ vollzieht sich in vielen, wenn man so will, ›kleinen‹ (›unthematischen‹) Erinnerungsvorgängen, die jeweils nicht eigens bewußt (als solche thematisch) werden.

Sie sind als ›geheimes Wissen‹ *(arcana notitia)* in der Erinnerung ›verborgen‹, die so zum ›Abgrund des Geistes‹ wird, zum *abditum mentis*.[38] Der terminus *abditum mentis* ist keine Formel für etwas, was die Kraft des Denkens überstiege oder zu dem über die Grenzen des Denkens hinaus ›aufzusteigen‹ wäre. ›Abgrund des Geistes‹ ist vielmehr der terminus technicus dafür, daß ›mehr‹ in unserem Bewußtsein ist, als wir uns aktual bewußt sind. Das Denken ist ›Erinnern seiner selbst‹ (*memoria sui:* De trin. XIV, 6, 8) – aber nicht als zeitlose Habe, sondern als der Wille und der Wunsch, dasjenige, was im Grund des Bewußtseins (gewissermaßen ›immer schon‹) ist, zu Einsicht zu aktualisieren. In der Erinnerung ist die Art und Weise des Denkens fundiert: *in memoria est cogitandi modus.* (XI, 8, 14)

Von dem, was in der Erinnerung enthalten ist, wird die ›Sehkraft des Denkenden‹ geformt: *ex memoria recordantis acies informetur.* (Vgl. XIV, 7, 10) Der Ternar *›memoria-intellegentia-voluntas‹*, mit dem Augustin das Erinnern als (intentionale) Beziehung auf Erinnertes beschreibt, erklärt den Grund von Einsicht als Sich-Beziehen der *memoria* ›in sich selbst auf sich selbst‹. ›Denken‹ ist *recordatio* auf Grund der *memoria.* Einsicht und Wille sind in der (umfassenderen oder grundlegenderen) Struktur des Erinnerns fundiert. Das, was eingesehen wird, und der Wille, einzusehen und zu erinnern und dieses Einsehen und Erinnern zu wollen, sind als ›innere Erinnerung des Geistes‹ mit allem, was wir denken, gleichzeitig. ›Erinnern‹ ist kein einmaliger, sondern ein kontinuierlicher Akt. Es ist die ganze Zeit über mit jedem Erinnerungsvorgang in der Zeit gleichzeitig. Als Tätigkeit wird das Erinnern deshalb selten bemerkt, weil es unaufhörlich geschieht. Würde das Gegenwärtige nicht erinnert werden – wie undeutlich und abgeschattet auch immer –, so wäre unerklärlich, worin das Erinnern von Vergangenem gründet. Erinnern wir Vergangenes, so bringen wir (mindestens) zwei Gegenwärtigkeiten zusammen – jene vergangene, die erinnert wird, und das Jetzt des Erinnerns selbst.

Wiedererinnern erweist sich als blitzartiges ›Erinnern des Erinnerns‹, das vorübergeht. Seine lebendige Wirklichkeit besteht gerade darin, daß sich die Akte des Erinnerns als ein ›Strom‹ des Erinnerns fortsetzen. Die Gedächtnisgehalte sind ›Sedimente‹ in diesem Strom, in dem wir aus dem Erinnern jeweils in das Vergehen der Zeit(en) zurückkehren. Als Grund aller Denkakte ist die Erinnerung kein Innerlichkeitsprinzip. Deshalb sagt Augustin, daß bei der Einsicht in die Erinnerung als Grund des Bewußtseins die Zusammengehörigkeit von Erinnerung, Einsicht und Wille nur ›scheinbar‹ in die Erinnerung fällt *(videbitur ad solam memoriam pertinere).* ›Erinnern‹ ist nicht die Tautologie bloßer Innerlichkeit. Die Wirklichkeit des Erinnerungsvermögens ist seine Selbsttranszendenz. Erinnerung ist Sich-Entsinnen. Sich-Entsinnen bedeutet eine Einheit von Sinnlichem und Unsinnlichem. Der Weg des Sich-Entsinnens führt vom Sinnlichen zum Unsinnlichen und von diesem Geistigen ›zurück‹ zum Sinnlichen. Das ›Sich-Entsinnen‹ wird sinnvoll, wenn wir es in Formen der Äußerung übersetzen. Dann entsinnen wir uns in der ›sinnlich-unsinnlichen‹ Gegebenheit der Äußerung, was der Grund war dafür, das ursprünglich Erinnerte übersetzen zu wollen. Zur triadischen Wechselbeziehung von ›Erinnerung, Einsicht und Wille‹, gehört die Einsicht, daß sich das Erinnern übersetzen muß. Der Grund des Erinnerns bezeugt sich im Willen, dem Erinnerten in einer Form von Äußerung seine Entsprechung zu geben. Erst in einer solchen Form der Äußerung erfahren wir die Erinnerung als ›Selbstbeziehung‹.

Der Grund des Bewußtseins ist das Vermögen der Erinnerung des Gegenwärtigen. (Vgl. XIV, 11, 14) Daß Vergangenes wiedererinnert werden kann, zeigt, daß es erinnert (worden) ist. Es ist erinnert worden, als es gegenwärtig war. Dies verdeutlicht der Akt des Erinnerns ex negativo. Das Erinnern enthält (mindestens) zwei Gegenwärtigkeiten in sich: die des Vergangenen in seiner vergangenen Gegenwärtigkeit (wird es erinnert) und die des Erinnerns ›jetzt‹ (als dem gegenwärtigen Erinnern). ›Erinnern‹ ist nur erklärbar dadurch, daß das Gegenwärtige immer schon (mit welchen Graden oder Intensitäten an Deutlichkeit auch immer) erinnert ist. Das Vermögen der Erinnerung ist sozusagen nichts anderes als das Vermögen der Erinnerung von Gegenwärtigkeit. ›Deshalb wird, ebenso wie bei vergangenen Dingen dasjenige Erinnerung genannt, durch das sich vollzieht, daß die vergangenen Dinge wiederholt und wiedererinnert zu werden vermögen, auch bei einer gegenwärtigen Sache, wie der Geist es sich ist, ohne Absurdität Erinnerung jenes Vermögen genannt, durch das er sich gegenwärtig ist, so daß er in seinem Denken gesehen werden kann und beide (er und sein Denken) in der Liebe zu sich verbunden werden‹: »Quapropter sicut in rebus praeteritis ea memoria dicitur qua fit ut valeant recoli et recordari, sic in re praesenti quod sibi est mens memoria sine absurditate dicenda est qua sibi praesto est ut sua cogitatione possit intellegi et utrumque sui amore coniungi.« (XIV, 14, 11) Die memoria ist keine ›Requisitenkammer‹ sich auf sich selbst beziehender Innerlichkeit. Sie ist kein Gedächtnis erloschener Erlebnisse. *Die memoria ist das Vermögen der Erinnerung des Gegenwärtigen.* Sie ist das Vermögen, durch das der Geist sich gegenwärtig ist, *jeweils* sich gegenwärtig ist. (Conf. X, 13, 20) Sie ist darüber hinaus dasjenige Vermögen in uns, das sich selbst durch sich selbst gegenwärtig ist. (Ebd. X, 16, 24) Das Vermögen der Erinnerung ermöglicht die *Selbst-Gegenwärtigkeit* von Identität. Sie ist das Vermögen, durch das das *Selbst* sich gegenwärtig wird, ebenso wie das Vermögen des Selbsts, sich in seiner *Gegenwärtigkeit* (d.h. faktischen, endlichen Existenz) zu ›erinnern‹: auf sich selbst zurückzukommen.

Woran bemerken wir, daß die memoria ein Vermögen der Vergegenwärtigung, der Sich-Gegenwärtigkeit und im Erinnern des Sich-Gegenwärtig-Bleibenden die Gegenwärtigkeit dieses Sich-gegenwärtig-Bleibenden ist? Mit der Frage nach dem ›Grund‹ der Erinnerung fragen wir danach, was uns ›Erinnern‹ selbst bemerken läßt. Diese Frage nach dem

›Grund der Erinnerung‹ hat Augustin in den *Confessiones* mit dem Bekenntnis zur Schönheit als Gotteserkenntnis beantwortet. An der ›liebenden Erinnerung des Schönen‹ erfahren wir nichts Besonderes, sondern ›nur‹ insbesondere, was die trinitarische Struktur unseres Bewußtseins ist. Wir werden des Prinzips inne, das schöpfungstheoretisch als Trinität gedacht wird: Was wir als ›Grund‹ des ›Erscheinenden‹ von diesem unterscheiden, erfährt in diesem Erscheinen eine Wirklichkeit, die ›Diesselbigkeit‹ bedeutet. Das Denken der Erinnerung ist die Entsprechung des schöpferischen Prinzips, das als Trinität gedacht wird. Mit der memoria findet sich in uns ein Vermögen, das sich selbst in sich selbst transzendiert und sich selbst begrenzt. Sie entspricht auf ›endliche‹, unschöpferische Weise demjenigen, was wir als ›unendlichen‹ Grund des in Zeit Erscheinenden denken. ›Unendlich‹ (infinitum) ist dasjenige, was ›sich selbst in sich selbst Grenze‹ ist (»in se sibi finis«). (Vgl. Conf. XIII, 11, 12) Die Selbsttranszendenz eines unendlichen Grundes ist die trinitarisch zu denkende Natur der Gottheit *(natura deitatis).* (Vgl. De trin. XV, 23, 43) Beim Denken der Trinität kommt es auf das ›Finden‹ statt auf Erfindungen an. ›Wer liebt, was er nicht kennt?‹, fragt Augustin rhetorisch (ebd. VIII, 4, 6) und folgert daraus: ›Was ist Gott zu wissen anderes, als ihn im Geist zu erblicken und dauerhaft zu begreifen‹ – »Et quid est deum scire nisi eum mente conspicere firmeque percipere.« (VIII, 4, 6) Denken der Trinität ist ein Finden des Bewußtseinsgrundes im Denken. ›Finden‹ *(inventio)* ist Augustin nichts anderes als ein ›Gehen in das, was gefragt oder gesucht wird‹ – ein »in id venire quod quaeritur«. (X, 7, 10) Indem wir in den Grund des Gott denkenden Bewußtseins gehen, finden wir in uns selbst, weshalb wir unser Denken als Bild der göttlichen Trinität denken. Der Einsicht findende Glaube ist in diesem Sinne die Aufgabe des Denkens der Trinität.

Beim Denken der Trinität geht es um die ›einheitliche Natur des Geistes‹. ›Wenn wir daher in ihr nach der Trinität fragen, so fragen wir nach ihr in der Natur des Geistes als ganzer und trennen die Verstandesbeschäftigung mit dem Zeitlichen nicht von der Betrachtung des Ewigen, um dann nach einem Dritten zu fragen, in dem sich die Trinität erfüllt. Sondern in der ganzen Natur des Geistes muß sich die Trinität so zeigen, daß in dem einen und ungeteilten Geist die Trinität gefunden wird‹.[39] Ein Denken, das die göttliche Trinität mit der Natur unseres Geistes nur in einem Dritten vermittelt sein läßt, ist ebenso unschöpferisch wie eine Betrachtungsweise, die Ewigkeit und Zeit voneinander trennt. Die göttliche Trinität ist die in Beziehung auf unser Denken schöpferisch gedachte Natur unseres Geistes. ›Zwischen‹ der Trinität und unserem Geist, den wir als Bild der Trinität denken, ist ›keine Natur dazwischen‹ *(nulla interiecta natura est).* (XI, 5, 8) ›Zwischen‹ der Trinität, die wir als Gott denken oder derer wir als göttlicher gedenken, ist nur die Selbsterkenntnis des Geistes, der in seinen Grund geht. Denken der Trinität ist ein Denken von Beziehung, in dem die Vorstellung einer Entgegensetzung zwischen göttlicher und menschlicher Natur zugrundegeht.

4.3 Intentionalität – Relationalität – Sprachlichkeit des Geistes

›Intentionalität, Relationalität und Sprachlichkeit‹ sind im Geist die Erfahrungsdaten, auf Grund derer wir vom Denken als Bild der Trinität sprechen.

Intentionalität. Dem Denken eignet auf Grund der Erinnerung Intentionalität. Diese Intentionalität trifft sowohl für die gewissermaßen ›interne‹ Beziehung der Momente des Denkens wie für dies Denken als sich selbst reflektierende Beziehung-auf-anderes zu. Die ›innere‹ Intentionalität der Denkakte erläutert Augustin damit, daß der ›Wunsch zu wissen‹ sich nicht auf einen Gegenstand richtet, der unbekannt ist, sondern gerade dann entsteht, wenn man sein

Nichtwissen bemerkt und damit aus einem (nichtwissenden) Wissen heraus verstehen will. ›Erkennen‹ ist nicht das Ende, sondern Anfang des Wunsches zu verstehen. Es setzt – wie die Liebe (X, 2, 3) – das Erkennen- und Verstehenwollen eines Erinnerten selbst erst in Gang. Die Struktur ›wissenden Nichtwissens‹ und des auf einem ›Finden beruhenden, von einem Finden ausgehenden Suchens‹ gilt insbesondere für den Willen zur Selbsterkenntnis des Geistes. Gerade hier zeigt sich eine paradoxe Zusammengehörigkeit von ›Suchen aus Kenntnis‹[40], da der Wille zur Erkenntnis auf schon vorhandenem ›Wissen‹ basiert. (X, 3, 5) ›Wissen‹ ist weder eine Habe (angehäufter Erkenntnisse) noch Übermittlung von Informationen, die ›von draußen nach drinnen‹ drängen. Die Akte des Denkens sind vielmehr Erfüllung von Intentionen. Der Wille zur Selbsterkenntnis ergibt sich aus einem erinnerten ›Wissen‹. In der Wendung zur Erkenntnis seiner selbst, d.h. in der Wendung zur Erkenntnis der Spuren der Trinität in uns, kommt es bei der Natur des Geistes darauf an, daß die ›Aufmerksamkeit des Willens auf den Geist selbst gerichtet wird‹, damit wir ihn selbst durch sich selbst denken: »intentionem voluntatis statuat in se ipsa et se cogitet.« (X, 8, 11) Die Akte des Denkens erweisen sich als intentionale Akte. Mit dem Ternar von *esse-vivere-intellegere* dynamisiert und fundiert Augustin die unhintergehbare Zusammengehörigkeit von ›Sein, Leben und Einsicht‹ durch ›Wille und Erinnerung‹. Intentionalität ist der Wille, den Grund der Erkenntnis in seiner Erscheinung zu erkennen. ›Einsicht‹ ist keine statische Gegebenheit, sondern Produkt eines dynamischen Prozesses. Dieser dynamische Prozeß von *memoria, intellegentia* und *voluntas* läßt die konkrete Wirklichkeit unserer Denkakte zu einer Struktur lebendiger Beziehung werden, die wir als ›Spur‹ der schöpferischen Trinität denken.

Der konkreten Wirklichkeit unseres Denkens eignet nicht nur diese ›interne Intentionalität‹ der Beziehung-auf-sich. Die Zusammengehörigkeit von Erinnerung, Einsicht und Wille zeigt sich auch in einer Intentionalität in der Beziehung des Geistes auf anderes, in einer Intentionalität, ohne die die sinnliche Wahrnehmung eines Äußeren nicht gedacht werden kann. ›Intentionalität‹ eignet unserem Denken nicht nur in der ›Beziehung-auf-sich‹, sondern auch in der ›Beziehung-auf-anderes‹. Die Wahrnehmung von Sinnlichem ist ohne Aufmerksamkeit nicht möglich. Die Wahrnehmung von Sinnlichem – durch die ›Leibessinne‹ – ist zwar ›rezeptiv‹. Aber sie besteht nicht in einem ›Pick-up äußerer Dinge‹. Sie ist ein rezeptiver *Akt.* Das ›Erinnern von Äußerem‹ ist kein Ab-, sondern ein Einbildungsvorgang. Es ist ›aktive Rezeptivität‹ und setzt voraus, erinnern zu wollen. Der Akt des Erinnerns von Sinnlichem, Wahrnehmen, ist *informatio.* Erst in solcher innerer Formbildung geschieht Wahrnehmen – nicht durch ›Dinge‹, die nur abgebildet werden müßten. In der Wahrnehmung von Sinnlichem gehören Rezeptivität und Aktivität (Spontaneität) zusammen. Nicht durch ›Dinge draußen‹ wird die ›Sehkraft des Geistes‹ in abbildrealistischer Weise geformt. Geformt wird die *acies animi* durch den Willen zu erinnern. Nur dann ›nehmen wir wahr (sehen wir wirklich), wenn wir uns wahrnehmen lassen‹. Wahrnehmen ist intentionales Erinnern: ein ›Sich-aufmachen-zu-erinnern‹. Augustin erläutert die Intentionalität des Geistes in Buch XI von De trinitate am ›Sehen‹. Stellvertretend für die übrigen Sinne erläutert Augustin am Sehen die trinitarische Struktur der Wahrnehmung von Sinnlichem. Der Sinn für das Sehen sei der *visio mentis* ›am nächsten‹. ›Sehen‹ vollzieht sich erst, wenn sich der ›Blick‹ *(visus)* der ›Sache‹ zuwendet. ›Ich sehe etwas erst, wenn ich es sehen will.‹ Wird etwas gesehen, so ›antwortet‹ es einer Aufmerksamkeit. Sehen ist ein Vorgang wechselnder Perspektiven. Der ›sichtbare‹ Gegenstand ›erzeugt‹ den ›geformten Sinn‹ aufgrund einer Intentionalität, die aufmerksam hat werden lassen. Der ›geformte Sinn‹ ist der Sinn des Sehens. ›Das Sehen wird vom Sichtbaren und vom Sehenden gezeugt‹. Zuerst ist die *res ipsa,* dann das *sentire* durch den

Sinn der Augen. Ein Sehen *(visio)* entsteht aber nur, wenn die *intentio animi* die ›Sache‹ mit ihrer Wahrnehmung verbindet. Die Sichtbarkeit einer Sache (eine *res visibilis*) wird zu einer *visio* erst durch die Aufmerksamkeit und das Streben *(intentio)* des Sehenden *(videns).* Erinnert wird durch den Sinn für das Sehen das Sehen als Prozeß selbst. Nicht sind intramentale Abbilder extramentaler Sachen im Geist wie in einer black box. Die *visio rei* ist eine ›Antwort‹, die dem Willen und der Aufgeschlossenheit (zu sehen oder zu hören usw.) respondiert.

Was für jeden Akt der Wahrnehmung von Sinnlichem gilt, gilt auch für jene Wahrnehmung, in der es als Erscheinung eines schöpferischen Prinzips erinnert (erblickt und erhört) werden will. Die ›Gestalt der Dinge‹ bekennt Augustin als die (erwähnte, vgl. Kap. 3.2) ›Antwort‹ auf seine Frage: ›Was aber liebe ich, wenn ich dich liebe, Gott?‹ »Interrogatio mea intentio mea et responsio eorum species eorum.« (Conf. X, 6, 9) Die Gestalt der Dinge ist ihr Anspruch, durch den wir uns ihrer schöpferischen Ursprünglichkeit entsinnen. Diese Gestalt des sinnlich Erscheinenden, dem sich der Wahrnehmungswille zuwendet, ist ihr ›Augenschein‹. »Et vox dicentium est ipsa evidentia.« (Ebd. XI, 4, 6) Erst dann sehen (oder hören oder schmecken usw.) wir wirklich, wenn wir uns von dem stillschweigenden Anspruch der Evidenz des Wahrzunehmenden berühren lassen. Der Sinn für das Sinnliche ist gleichsam ein Akt intentionaler Rezeptivität. Die Wahrnehmung des Sinnlichen erfüllt sich in der Aufmerksamkeit auf die Dinge in ihrer schöpferischen Ursprünglichkeit. Sie ist als die ›wunderbare Schönheit der Welt selbst draußen allen Sinnen gegenwärtig‹: »Mundi denique ipsius mirabilis pulchritudo forinsecus praesto est.« (De trin. XIII, 1, 4) Auf Grund dieser Intentionalität wird die *visio rei visio dei.* Wahrnehmen ist das Bemerken der Beziehung beider.

Relationalität. Bei der ›Trinität‹ ist nicht von einem ›dreifachen Gott‹, sondern vom Denken einer sich selbst unterscheidenden und in sich unterschiedenen ›Einheit‹ (vgl. ebd. XV, 3, 5) die Rede. Trinität heißt innere Relationalität. Diese Beziehung-in-sich soll zugleich schöpferischer Grund der kreatürlich erscheinenden Natur sein. Die *trinitas creatrix* ist *natura creatrix.* Was als innere Relationalität der göttlichen Trinität gedacht wird, ist der Grund ihrer schöpferischen Beziehung-auf-anderes. Das Denken ihrer ›inneren Relationalität‹ soll rekonstruktiv erklären, daß die Erscheinungsweise der Trinität Beziehung auf äußerlich Erscheinendes (›äußere Relationalität‹) ist. Das Denken der Trinität erweist sich damit als ein Denken von Beziehung in mehrfacher Hinsicht. Von einem ›Schöpfer‹ zu sprechen, ist sinnvoll allein in Beziehung auf eine ›Schöpfung‹: »Creator relative dicitur ad creaturam.« (V, 13, 14) Der Gedanke der Schöpfung ist ein Beziehungsgedanke – und das Denken der Trinität der Versuch seiner (Selbst-) Explikation: »creatura quippe animus, creator autem deus.« (IX, 11, 16) Trinität selbst bedeutet, Gott als Beziehung und ›in-Beziehung-auf‹ zu denken – nicht als einen schöpferischen Grund vor oder getrennt von dem kreatürlich Erscheinenden, sondern als inneres Prinzip dieses Erscheinensprozesses selbst. Wenn die in der Zeit erscheinende Natur als Erscheinungsweise eines schöpferischen Grundes, d.h. als creatura, gedacht wird, dann ist das Denken der Trinität der Versuch, die Beziehung des Grundes zu seiner Erscheinung als Beziehung des Grundes ›auf-sich-selbst in sich selbst‹ zu erklären. ›Beziehung‹ ist keine Eigenschaft, die diesem ›Grund‹ noch hinzukäme. Die Wirklichkeit eines Grundes liegt in seiner Erscheinung. Im Erscheinenden offenbart sich sein Grund selbst. Das weist beider Beziehung als schöpferische aus. Die Trinität, als Grund von Schöpfung gedacht, ›hat‹ keine Eigenschaften, sie ›ist‹ ihre Eigenschaften. Das Denken der Trinität ist ein Denken von Relationalität. Die traditionelle Kategorienlehre kennt Beziehung nur als äußerliche Beziehung einander gleichgültiger Sachen (als *ad aliquid,* ta pros ti) und denkt ein zugrundeliegend Substantielles getrennt von den Eigenschaften seiner Erscheinung, die diesem bloß zufällig sind. Damit läßt sich das Denken von Beziehung nicht fassen. Das Denken der Trinität fordert eine Kritik an einer Denkweise, die eine Substanz von ihren Eigenschaften, die das Subjekt (eines Satzes) von dem von ihm Prädizierten trennt. Zur Kategorienschrift von Aristoteles bemerkt Augustin, daß ihm die Lektüre ›eher geschadet habe‹, da er – dem Modell, daß eine Substanz von ihr zufälligen Eigenschaften zu trennen, daß ein Subjekt dem von ihm Prädizierten gegenüberzustellen sei, folgend – Gott wie eine Substanz und wie einen Träger von Eigenschaften zu denken versucht habe. (Vgl. Conf. IV, 16, 29) Eine solche Vorstellung, die Gott wie einen (körperlichen oder personalen) Gegenstand denkt, sei falsch. Was als Trinität gedacht wird, ist der Grund seiner Eigenschaften – es ist das ›Ist‹ des schöpferisch Ursprünglichen, das sich im Erscheinen des Kreatürlichen selbst zeigt. (Ebd. XIII, 31, 46; 38, 53)

Augustin hat die Kategorienlehre, in der eine ›Substanz‹ von ihren ›akzidentellen Eigenschaften‹, d.h. ihrer konkreten Erscheinung, getrennt wird, nicht im Hinblick ihrer Anwendung auf körperliche Dinge kritisiert. Das mag an seinem Desinteresse an kategorialer Definition liegen – ein Desinteresse, welches evident wird, wenn er in *De trinitate* einmal von »natura substantia, essentia« spricht und hinzufügt: ›oder wie man es immer nennen mag‹. (Vgl. De trin. II, 18, 35) Er hat die Gültigkeit der der aristotelischen Kategorienlehre impliziten Trennung einer Substanz von ihrer konkreten Erscheinung aber im Hinblick auf den *intellectus* und die Erkenntnismöglichkeit Gottes verneint. Gott als Substanz denken zu wollen, die getrennt von ihren Eigenschaften existiere, ist eine ›mißbräuchliche‹ Rede: »manifestum est deum abusive substantiam vocari.« (Ebd. VII, 5, 10) *Ist Intentionalität Ausdruck der Einheit des Geistes in der Beziehung auf sich, so Relationalität die Form seiner Wirklichkeit, die Beziehung-auf-anderes bedeutet.* Für das Denken der Trinität gilt das Schema von Substanz und Akzidens, vom Subjekt als Träger ihm akzidenteller Eigenschaften nicht. ›In Gott ist keine zufällig hinzukommende Eigenschaft‹. Was wir als Trinität denken, ›hat‹ keine Eigenschaften – es ›ist‹ seine Eigenschaften: diese ›Eigenschaften‹ sind die konkrete Wirklichkeit seiner Erscheinung.[41] Wollte man auf das trinitarisch Gedachte das Schema ›Substanz/Subjekt-Akzidens/Prädikat‹ anwenden, so müßte man sagen: Die Trinität ist ihre Prädikate, ihre Wirklichkeit erfüllt sich in dem von ihr Prädizierten. Sie ist das ›Ist‹ desjenigen, was wir als ihre Eigenschaften denken – führen wir die erscheinende *creatura* prinzipienlogisch auf ein *principium creatrix* zurück. *Trinität ist das ›unveränderliche Sein‹, gedacht als prozessuale Beziehung in sich (als ›Werden‹).* Das impliziert eine Aufwertung der Kategorie ›Relation‹. Die der Trinität entsprechende Kategorie ist die der Relation. Unter ›Beziehung‹ ist mehr zu verstehen als ein bloß äußerliches Zugleichsein von etwas, was sich gleichgültig bleibt, wie es das ›ad aliquid‹ (pros ti) der traditionellen Kategorienlehre anzeigt. ›Relation‹ ist nicht die äußerliche Beziehung voneinander trennbarer ›relata‹, sondern die konkrete Erscheinung der Vermittlung von schöpferischem Grund und kreatürlich Erscheinendem. ›Beziehung‹ ist keine ›zufällige Eigenschaft‹, sondern das ›unveränderliche Sein‹ dieses Grundes: »relativum non est accidens quia non est mutabile.« (V, 5, 6)

Was wir als schöpferischen Ursprung denken, ist ›kreativ‹ nur, sofern creatura ist. *Creator* ist ein Ausdruck, der einen Sinn nur hat in Beziehung auf *creatura* – analog dem Mythos von ›Vater und Sohn‹: »Dicitur ergo relative pater idemque relative dicitur principium et si quid forte aliud.« (V, 13, 14) Das Denken der Trinität ist Relationsdenken. Dabei besteht der Witz desjenigen, was als schöpferische Beziehung gedacht wird, darin, daß nicht nur das, was wir als ›geschaffen‹ begreifen, nicht ist ohne dasjenige, was wir als seinen Grund denken, sondern ebenso dieser schöpferisch gedachte Grund nicht ist ohne seine Erscheinung: das aber ist das kreatürlich Erscheinende, die sich denkende Schöpfung selbst.

Sprachlichkeit. Die Überlegungen zur Sprachlichkeit (und Sprachgebundenheit) des Geistes erfolgen im Zusammenhang von Augustins Überlegungen zum ›inneren Wort‹ *(verbum intimum)* in Buch XV von *De trinitate.* Die Interpretation des ›inneren Wortes‹ als Augustins Reflexion der Sprachlichkeit des sich selbst denkenden Geistes steht im Widerspruch zu seiner Doktrin vom ›inneren Wort‹. Mit dieser Doktrin unterscheidet er zwischen einer ›inneren‹ und vorsprachlichen und einer ›äußeren‹ (sozusagen nur noch verlautenden) Sprache. So verstanden führt die Rede vom ›inneren Wort‹ aus der Wirklichkeit der Sprache hinaus. Vor allem Sprechen werde zuerst ›im Herzen‹ gesprochen. Geformt werde das Denken von den ›res‹, die sich vor und unabhängig von aller Sprache ›wissen‹ ließen. Die Zeichen der Sprache seien bloße Zeichen inwendig gebildeter ›Worte des Herzens‹ und Zeichen der extramentalen ›Sachen‹, die sich dem Denken sprachfrei einprägten.[42] Die ›Sachen‹ seien als sprachlose ›Bedeutung‹ der Zeichen im Gedächtnis (der ›Schatzkammer der Erinnerung‹) gleichsam wie Informationen abrufbar enthalten. Vor allem Sprechen sei das ›innere Wort‹ die extramentale und nonlinguale Bedeutung, die dann nur noch – wenn es not tut – sprachlich verlautet. Diese Auffassung vom ›inneren Wort‹ als der sprachlosen Sphäre einer ›Sprache vor der Sprache‹ ist eine unschöpferische Betrachtungsweise von Sprache. Sie denkt, daß das ›Verstehen‹ von Zeichen sozusagen problemlos und eindeutig funktioniert, da die extramentalen Dinge die ›Bedeutung der Zeichen‹ wären.[43] Deutet man das ›innere Wort‹ als eine sprachlose Sprache vor der Sprache, so wird sich nicht erfüllen lassen, was Buch XV von *De trinitate* beweisen soll. In ihm versucht Augustin, in uns eine Entsprechung des Wortes Gottes, das wir in den Dingen erscheinender Natur schöpferisch denken, zu finden. Wie läßt sich ›Sprache‹ als Entsprechung des ›offenbaren Logos‹ denken? Anders gefragt: ›Wie zeigt sich ›in uns‹, was der Prolog des Johannes-Evangeliums formuliert, den Augustin in *De trinitate* der Analogie des ›inneren Wortes‹ wegen zitiert? (Vgl. XV, 11, 20) Um diese Frage geht es bei den folgenden Überlegungen zum ›inneren Wort‹, die es als Reflexion der Sprachlichkeit des Geistes deuten. Es geht um das Prinzip des Verstehens in der Sprache, von dem Augustin sagt, daß es ›wahrzunehmen leicht, zu erklären aber unmöglich ist‹: »sentire facile est explicare impossibile est.« (Tract. in Ion., 40, 5)

Sprache ist Übersetzung von Erinnerungsarbeit, kein Austausch von Gedächtnisinhalten. Die Bedeutung eines Wortes ist nicht der Sprachlaut (›was draußen erklingt‹), auch nicht der festgeschriebene Buchstabe, sondern das, was im Erklingen gehört und verstanden wird. Sprache ist Sinn-Übertragung. Das Verstehen eines Wortes wie eines Satzes ist das Verstehen dessen, was er ›anzeigt‹. Die Zeichen der Sprache sind (auf sich) zeigende Zeichen. Dieses Anzeigen geschieht in den verlautenden Wörtern selbst. Sie zeigen an, daß sie etwas anzeigen. (Vgl. De trin. X, 1, 2) Das ›innere Wort‹ ist die Reflexion dieses Anzeigens. Es ist in den verlautenden gegeben. ›Wie nämlich das Wort etwas anzeigt, so zeigt es auch sich selbst an. Das Wort zeigt aber nur dadurch sich selbst an, daß es anzeigt, daß es etwas anzeigt‹. »Sicut enim verbum indicat aliquid, indicat etiam se ipsum, sed non se verbum indicat nisi se aliquid indicare indicet.« (Ebd. VIII, 8, 12) Das Verstehen eines Wortes in der Sprache setzt die Bereitschaft zu diesem Verstehen der auf sich als Zeichen zeigenden Wörter voraus. Das Verstehen eines Wortes bzw. der verlautbarten Wörter bedarf der Bereitschaft zum Verstehen desjenigen, was in den Wörtern verstanden sein will. Die ›Bereitschaft zu verstehen‹ entspricht auf der Seite des ›Hörers‹ dem Wunsch auf der Seite des Sprechers, verstanden zu werden. ›Ein Wort ist folglich die mit Liebe verbundene Kenntnis‹: »Verbum est igitur cum amore notitia.« (IX, 10, 15) Diese erfüllt sich nicht vor, sondern in der Sprache – im Gespräch. Das Gespräch ist die Wirklichkeit des Geistes, in der Sprache als der ›Schmuck‹ einer Verstehensgemeinschaft ›aufleuchtet‹:

»in qua elucet decus consociandorum animorum in vocibus notis audiendis atque reddendis« (De trin. X, 1, 2). Die Sprachlichkeit des Geistes ist in der Geschichte ›gemeinschaftlich verbundener Geister‹ repräsentiert. Sprache ist gleichsam die Geschichte ›innerer Wörter‹. Verstehend wissen wir, was Sprache bedeutet. Jeder Satz verwirklicht, aktualisiert dieses zu erinnernde Wissen. Das ›innere Wort‹ ist eine Reflexion dieses Prinzips von Sprache. Es ist eine Bezeichnung für das Sich-auf-sich-selbst-Beziehen des Denkens, das sich lautlos in der Sprache erfüllt. Als ›inneres Wort‹ wird das Prinzip des Verstehens von Sprache in der Erinnerung gedacht. Sich auf sich selbst beziehend ist das Denken in der Erinnerung im Wort. Die trinitarische Struktur von ›Erinnerung, Einsicht und Wille‹, mit der Augustin erklärt, daß unser Denken in seinen Akten Intentionalität ist, gilt auch und gerade für die Sinnübertragung lebendigen Erinnerns: ›Wenn wir uns auf die innere Erinnerung des Geistes beziehen, durch die er sich selbst erinnert, so scheint es, daß das Bild jener Trinität allein zur Erinnerung gehört. Aber weil in ihr ein Wort ohne Denken nicht sein kann (wir denken nämlich alles, was wir sagen, auch mit jenem inneren Wort, das zu keiner Sprache eines Volkes gehört), wird in jenen dreien vielmehr dieses Bild erkannt, in der Erinnerung nämlich, der Einsicht, dem Willen‹.[44] Die Sprachlichkeit des Geistes ist sich übersetzt habende Erinnerungsarbeit. Übersetzung der Erinnerungsarbeit ist Sinnübertragung. Diese Sinnübertragung ist stillschweigend in der Sprache. Das Verstehen eines Satzes der Sprache ist das Verstehen der Sinnübertragung sich in Sprache fassender, sich in Sprache erhaltender Erinnerungsarbeit. Das gilt für die Laute der Sprache wie für die Töne der Musik. Das Verstehen eines Satzes der Sprache gleicht dem Verstehen einer ›Melodie‹. (XII, 14, 23) Das innere Wort bedarf der erklingenden Wörter. Es läßt sich nicht sagen. Es bedarf der draußen ertönenden und verhallenden Sprache. ›Ein in der Stille des Denkens gehegter

Satz wird erst im Tönen der Stimme vernehmbar‹: »sententia in silentio intellegentiae constituta ... ipsa in sono vocis auditur.« (Civ. 10, 13) Es ist das, was in dem, was gesagt und geäußert wird, verstanden werden will.

Augustin unterscheidet unser Sprechen vom ›verbum dei‹ dadurch, daß unserem Sprechen und Verstehen eine ›Unschärferelation‹ eignet. Bei ›unserem Wort‹, unserem Sprechen, sind wir dazu genötigt, nicht nur den Lautklang, sondern gerade das, was ohne Laut verlautet, zu verstehen. Das ›verbum dei‹ dagegen denken wir als das im Erscheinen von Schöpfung stillschweigend wirksame Zusammenfallen der ›inneren und äußeren Form‹ des Wortes. Wir ›verstehen‹ die Dinge, die sich uns ›bedeuten‹. Dieses ›Sich-Bedeuten‹ des Kreatürlichen ist stumm. Die Bedeutsamkeit, die die Dinge für sich haben, will, sit venia verbo, erhört werden. Augustins ›inneres Wort‹ ist eine Reflexion dieses ›Erhört-werden-Wollens‹ des stummen Anspruchs des Kreatürlichen, in dem das ›verbum dei‹ schöpferisch erscheint. Das innere Wort ist ›zwischen‹ den Wörtern – nicht als ein Wort, das noch zu sagen wäre, sondern als das, woraus und weswegen die Wörter verlauten, als der zu verstehende Sinn, der in den Wörtern verlautet. Es findet sich in der ›abgründigeren Tiefe unserer Erinnerung‹. Dort wird ›das innerste Wort gezeugt, das keiner Zunge/Sprache angehört‹: »Sed illa est abstrusior profunditas nostrae memoriae ubi ... gignitur intimum verbum, quod nullius linguae sit.« (De trin. XV, 21, 40) Das innere Wort ist in der Erinnerung als Prinzip des Verstehens der verlautenden Wörter. Es ist die sprachliche Natur der in der Sprache sich erfüllenden und mit jedem Verstehen sich immer schon erfüllt habenden Erinnerung. Der *»memoria principalis«* (ebd. XV, 21, 41) ist die Einsicht des Verstehens und die Liebe zum Verstehenwollen eigen. ›Verstehen‹ wir, so gelingt es uns, in die verlautenden Zeichen, mit denen ein ›anderes Herz‹ sein Erinnern, Einsehen und Wollen des Verstehens ausgedrückt hat, unser Erinnern, Einsehen und Wollen des Verstehens zu übertragen. Verstehend finden wir, was nicht verlautet, was in den verlautenden Wörtern lautlos ist. ›Verstehend‹ hören wir innen das ›verbum verum‹, das ohne eigenen Laut ist. Die ›memoria principalis‹ – die Erinnerung im Grund ihres Einsehen- und Verstehenwollens – bedarf der (verlautenden) Sprache, weil das innere Wort nicht gesagt werden kann. Es muß immer von neuem übersetzt und dieses Übersetzen gedeutet werden. Jeder Satz der verlautenden Sprache ist Übersetzung: ein ›Satz‹ über den Abgrund der Erinnerung. In dieser Beziehung zwischen Erinnerung und Äußerung erfüllt sich die Sprachlichkeit des Geistes mit Sinn.

Mit dem inneren Wort als dem Prinzip des Verstehens von Sprache sind wir mit der Erinnerung in der Sprache. Das wechselseitige (Sich-)Erinnern, Sich-Entsinnen, das Verstehen bedeutet, vollzieht sich in der Sprache ohne ein eigenes Wort. Es ist lautlos in der Sprache. Die ›abgründigere Tiefe‹ der Erinnerung entspricht dem Schweigen. Es faßt sich in der Sprache, indem es gebrochen wird.[45]

5. Die Aporie des Geschichtlichen: »De civitate dei«

Das ›große und schwierige Werk‹ *De civitate dei* enthält den umfangreichen Versuch einer Reflexion des Sinns von Geschichte.[46] Augustin schreibt die Bücher über die ›Bürgerschaft Gottes‹ aus einer geschichtlichen Notsituation heraus. Er will die christliche Religion von dem Vorwurf, für den Untergang der spätrömisch-antiken Kultur und Gesellschaft verantwortlich zu sein, entlasten. Weder die Aufgabe der vorchristlichen Götterverehrung noch die Ersetzung des spätantiken Jenseitsglaubens durch die christliche Religion wären ›Grund‹ der geschichtlichen Fakten gewesen.[47]

Die 22 Bücher über die ›Bürgerschaft Gottes‹ enthalten keine Geschichtsphilosophie im neuzeitlichen Sinn.[48] Geschichte im konkreten Sinn wird kaum thematisiert. Natürlich betont Augustin unmißverständlich, worum es ihm in seiner Geschichtsbetrachtung geht: um die Rechtfertigung christlicher Religion in Beziehung auf Geschichte. Aber er läßt durch sie Geschichte nicht – etwa ›geschichtsphilosophisch‹ – gerechtfertigt sein. Die 22 Bücher *De civitate dei* enthalten keine ›christlich-lineare‹ im Unterschied zu einer ›antik-zyklischen‹ Geschichtsvorstellung.[49] Zwar spricht Augustin von »exortus (Ausgang) – excursus/procursus (Entwicklung) – debitae fines (geschuldetem Ende)« des Geschichtlichen. (Vgl. z.B. Civ. 18, 1) ›Geschichte‹ zu verstehen als die zwischen der Ewigkeit ›vor‹ und der Ewigkeit ›nach‹ der Geschichte eingespannte Brücke ›Zeit‹, die es zu fliehen gilt, ist eine Interpretationsmöglichkeit, die sich durch viele Äußerungen Augustins nahelegt. Aber Augustin nimmt die individuelle Einmaligkeit geschichtlicher Existenz sozusagen wichtiger, als es dieses Denkmuster zuläßt. Die beiden ›civitates‹ sind Erfahrungsweisen, die sich innergeschichtlich unterscheiden. Mit dem Spannungsverhältnis zwischen ›civitas dei‹ und ›civitas terrena‹ formuliert er die Aporie des Geschichtlichen selbst. ›Geschichte‹ ist der konkrete Prozeß, in dem beide ›Bürgerschaften‹ verwoben sind. Sie vollzieht sich – versteht man unter Geschichte mehr als die facta bruta endloser Herrschaft – in der und als die Polarität der beiden ›civitates‹. In der konkreten Betrachtungsweise geschichtlicher Existenz ist diese weder Gegenstand religiöser Affirmation noch kultischer Weltflucht. Deshalb schreibt Augustin, daß er von ›Ausgang, Ablauf und dem verdienten Ende der beiden Staaten, die in dieser Weltzeit verworren und wechselseitig miteinander vermischt sind, das Nötige sagen wolle‹. (Ebd. 10, 32) Die ›civitas dei‹ folgt nicht in zeitloser Ewigkeit auf die ›civitas terrena‹ geschichtlicher Zeit. Die Aporie des Geschichtlichen besteht in der Verwobenheit beider in dieser ›Weltzeit‹ (saeculum). ›Geschichte‹ ist der Text der Geschichten beider. Zwar läßt Augustin die Entwicklung der ›civitas dei‹ – fast ist man versucht zu sagen: natürlich – auf das ›Ende von Geschichte‹, auf ein Eschaton, das ›futurisch, nach dem Leben und jenseitig‹ sich erfülle (vgl. Kap. 5.2), zulaufen. Ebenso ist das ›Eschaton‹ der ›civitas huius saeculi‹ als futurische Verdammung und ewiges Unglück festgelegt. Aber ›jetzt‹, in dieser Weltzeit, sind beide Bürgerschaften ›verwoben und vermischt‹. Die ›civitas dei‹ meint keine der Welt des Geschichtlichen gegenüber interesselose Heilsordnung. Sie ist eine Reflexion geschichtlicher Existenz selbst. ›Geschichte‹ ist das, was sich ›zwischen‹ dem Ursprung, nach dem beide ›civitates‹ sich entwickeln, und vor den ›letzten Dingen‹ ihrer Trennung, ob sie nun erhofft oder zum Gegenstand der Angst wird, vollzieht.

Motiv, Ausgangspunkt und Ziel dieser Beschreibung der Dualität von Geschichte ist die Apologie der ›Bürgerschaft Gottes‹, der civitas dei. (Vgl. Kap. 5.1) Das Ziel ihrer Entwicklung ist der Ausgang aus selbstverschuldeter Verdammung, als deren Geschichte sich – für beide ›Bürgerschaften‹ – ›Geschichte‹ vollzieht. Der Ausgang aus selbstverschuldeter Verdammung ist die Überwindung ihrer Geschichte selbst. Diese wird als ›jüngster Tag‹ (»dies novissimum«) gedacht. Die ›Trennung‹ beider Bürgerschaften – die Aufhebung der zweideutigen Aporie des Geschichtlichen – ist das ›Ziel‹, das Ende der Geschichte dieser Weltzeit. Als dieses Ende des saeculum wird einerseits der Rückfall in ewige Verdammtheit, andererseits die Gnade des Übergangs in ein von keiner Veränderlichkeit bedrohtes Glück geglaubt, wenn Unglück als Strafe und Glück als Gnade zu endgültigen Zuständen sich auskristallisiert haben. Wird dieses Aufgehobensein der Not von Geschichte als ein entzeitlichter Zustand gedacht, so ist er ›zukünftig und jenseits und folgt auf dieses Leben nach dem Tod‹. Mehr läßt sich von diesem ›Ende der Geschichte‹, das ein Gegenstand des Glaubens ist, nicht ›wissen‹. Augustin konstruiert keine Teleologie des geschichtlichen Prozesses. Zwar entfaltet er im Rückblick auf die ›Geschichte‹ zwischen dem ›in principio‹ von Gen. 1 und der historischen Geburt von Jesus eine Weltalterlehre – mit seiner Ankunft habe der ›sechste Tag‹ bzw. das ›sechste Weltalter‹ begonnen. (22, 30) Aber: ›Geschichtsphilosophisch‹ ist an dieser ›Weltalterlehre‹ entscheidend, daß sie auf ihr Ende hin ›offen‹ ist. Das ›sechste Weltalter geschieht jetzt und läßt sich nach keiner Zahl von Generationen berechnen‹: »Sexta nunc agitur nullo generationum numero metienda.« (22, 30) ›Vergeblich ist der Versuch, die Jahre berechnen und festlegen zu wollen, die dieser Weltzeit verbleiben, schreibt Augustin, Ap.gesch. 1, 6 ff. zitierend, an anderer Stelle. (Vgl. 18, 53) Diese jedes geschichtsübergreifende Modell – auch die augustinische Vorstellung, daß Geschichte sich zwischen der Ewigkeit vor ihr und einem zeitlich als

Ewigkeit bestimmten Heilsgeschehen nach ihr eingespannt vollzieht – sprengende Einsicht formuliert Augustin bereits in den *Confessiones,* wenn er bezüglich einer ›Ordnung der Zeiten‹ sein »nescio« bekennt. (Vgl. XI, 29, 39) Und in *De trinitate* heißt es, daß das ›sechste Weltalter jetzt geschieht bis zum verborgenen Ende der Zeit‹: »nunc agitur usque ad occultum temporis finem.« (De trin. IV, 4, 7) Das ›sechste Weltalter‹ ist die Jetztzeit der Geschichte. Mit dem Ende der Beschreibung von ›Ursprung, Verlauf und verdientem Ende‹ der beiden Bürgerschaften bringt Augustin am Schluß von *De civitate dei* neben der jenseitsgerichteten und futurischen Eschatologie der Hoffnung und des Glaubens ein anderes Denken des Eschatologischen ins Spiel: die Denkform präsentischer oder proleptischer Eschatologie. (Vgl. Kap. 5.3)

Neu im Geschichtsdenken Augustins ist *nicht,* daß er einer vermeintlich antik-›zyklischen‹ Geschichtsauffassung eine ›christliche‹ Deutung von Geschichte entgegensetzen würde, in der Geschichte in einem linearen Prozeß auf ein transhistorisches Jenseits, das ihr Ziel ist, zuläuft. In *De civitate dei* geht es nicht darum, eine zyklische Geschichtsvorstellung durch eine lineare zu ersetzen. Es geht um die Unwiederbringlichkeit der je individuellen geschichtlichen Existenz. Darin gründet die radikal neue Bedeutung von ›Geschichte‹ im Denken präsentischer Eschatologie. Aus geschichtsübergreifenden und dergestalt entgeschichtlichten Vorstellungen, die die konkrete Geschichte selbst fliehen – die Vorstellung einer postmortalen Glückseligkeit ist ein Rest spätantiker Mythologeme, in denen ›die Christen mit den Philosophen‹ übereinstimmen (10, 32; 18, 1; 22, 27) –, gilt es, zur individuellen Einmaligkeit geschichtlicher Existenz zurückzukommen. Wie in den *Confessiones* die Subjektivität des ›individuum ineffabile‹ in epochal neuer Weise zur Sprache kommt, so markiert in *De civitate dei* diese Betonung der Unwiederbringlichkeit geschichtlichen Daseins das charakteristisch Neue in Augustins Geschichtsbetrachtung. Er wendet sich gegen die antiken ›Kreislauflehren‹

nicht primär aus dem Grund, daß er die ›ewige Glückseligkeit‹ auf die Zeit der Geschichte folgen läßt. Natürlich ist das Theorem von einem Leben nach dem Tod ein Grundtheorem der ›Geschichtsbetrachtung‹ in *De civitate dei* und gleichsam die Rahmenhandlung der Geschichte(n), die Augustin referiert. Aber es ist nicht der Grund der Kritik an den antiken Kreislauflehren und der biblischen These, daß ›nichts Neues unter der Sonne geschehe‹. (12, 14) Augustin wendet sich gegen die mythologische Vorstellung von Kreisläufen vielmehr deshalb, weil die Erfahrung des Glücks jeweils etwas Neues ist, was es ›vorher nicht gab‹. (12, 21) Auf Grund dieses Anspruchs der Innerzeitlichkeit des Glücks gewinnt ›Geschichte‹ eine vorher nicht gekannte Bedeutung. Sie ist weder etwas, dem man sich (›stoisch‹) anzupassen hat, noch etwas, das es (›neuplatonisch‹) zu fliehen gilt. ›Geschichte‹ ist überhaupt kein Gegenstand einer geschichtsphilosophischen Betrachtung von ›Geschichte überhaupt‹. Sie läßt sich weder rechtfertigen noch grundlegen noch ästhetisieren – auch wenn sich alle diese Deutungsmuster in *De civitate dei* auch finden. (Vgl. z.B. 11, 29; 12, 4-5; 16, 8) ›Geschichte‹ ist, was geschieht (geschehen ist und geschehen wird) und was sich erzählen läßt. Was von Augustin erzählt wird, ist die Geschichte, die Unglück bedeutete und bedeutet (»clades rei publicae«; 4, 2) und als eine Aneinanderreihung von Unheil sich darstellt – als eine »series calamitatum«, die Augustin aus dem ›schlechten Gebrauch des freien Willens‹ ableitet, der der Ursprung jener selbstverschuldeten Verdammung sei, die das menschliche Geschlecht ›radikal‹ verdorben habe. (13, 14) ›Geschichte‹ ist kein Demonstrationsobjekt einer Heilsordnung, sondern Ereigniskette von deren Ausbleiben. Als eine ›mißgünstige Weltzeit‹ (ein *saeculum malignum,* 15, 26) wird sie zum Gegenstand der Kritik.

Augustin spricht an unzähligen Stellen von einer geschichtstheologischen bzw. Geschichte auf ihr transhistorisches Ende hin theologisierenden Heilsordnung. So heißt es

Civ. 10, 22, daß dasjenige, dem jetzt der Glaube gelte, sich nach diesem Leben zu sichtbarer Gestalt vollende. Aber dieser Appell ist keine Geschichtstheologie im Sinne eines geschichtsphilosophischen Modells. Die Apologie der christlichen Religion besteht vor allem darin, daß sich die geschichtlichen Fakten weder im positiven noch negativen Sinn durch die christliche Religion rechtfertigen lassen, diese also weder nachträgliche Affirmation des Vergangenen noch eine vorweggenommene des geschichtlich Vorfindlichen bedeutet. In diesem Kontext deutet die Rede von der ›A-Zyklizität‹ (Gerichtetheit) nicht ›der Geschichte‹, sondern der jeweils gelebten, auf die Einmaligkeit und Dignität geschichtlicher Existenz. Es ist die Einsicht in die Unwiederbringlichkeit des geschichtlich Gelebten, d.h. die Erkenntnis der eigenen Endlichkeit. Dadurch gewinnt ›Geschichte‹ eine neue und unerhörte Dynamik. Die ›Gerichtetheit‹ des Geschichtlichen deutet auf die Unwiederbringlichkeit gelebter Zeit. Diese läßt sich durch kein (geschichts)philosophisches Modell hintergehen oder überhöhen. Wenn die individuelle Lebenszeit kein unendlicher Vorrat ist, dann kommt es auf das Leben in der Zeit, dessen Name Geschichte ist, an. Denn ›ab da, wo jemand in diesem sterblichen Körper zu sein beginnt, geschieht jederzeit, daß der Tod kommt. Das nämlich bewirkt seine Veränderlichkeit durch die ganze Zeit dieses Lebens, daß man dem Tod entgegengeht. Was immer an Zeit gelebt wird, es wird vom Lebenszeitraum weggenommen, so daß die Lebenszeit nichts anderes ist als ein Lauf zum Tod‹: »Ex quo enim quisque in isto corpore morituro esse coeperit, numquam in eo non agitur ut mors veniat. Hoc enim agit eius mutabilitas toto tempore vitae huius ..., ut veniatur in mortem. (Q)uoniam quidquid temporis vivitur, de spatio vivendi demitur ..., ut omnino nihil sit aliud tempus vitae huius, quam cursus ad mortem ...« (13, 10) Kein Geschichtsmodell – weder ein ›zyklisches‹ noch ein ›lineares‹ – kann aus dieser Aporie der Endlichkeit geschichtlichen Daseins hinausführen. Die Rede von der ›civitas dei‹ denkt deren innergeschichtliche Wirklichkeit als ein Zurückkommen aus der Einsicht, daß die Lebenszeit ein ›cursus ad mortem‹ ist. Es ist ein Zurückkommen aus dem Vorlaufen in die eigene Endlichkeit.

Die Rede von der ›civitas dei‹ ist zugleich eine Reflexion geschichtlicher Existenz im Hinblick auf die Erfahrbarkeit desjenigen, was ›mehr‹ ist denn die Selbstverschuldung von Not, Unterdrückung und Leid, als deren Erscheinungsweise sich Geschichte darstellt. Es ist eine Reflexion geschichtlicher Existenz im Hinblick darauf, was immer von neuem die Erfahrung des Glücks bedeutet. Es ist der Anspruch auf dieses Glück – er ist Augustin der ›einzige Grund des Philosophierens‹ und ›Gott das glückselige Leben des Menschen‹ (19, 1 und 26) –, der sich im Geschichtsdenken Augustins bezeugt.

5.1 Apologie und Kritik

Das Motiv der 22 Bücher über die ›civitas dei‹ ist deren Rechtfertigung angesichts von Geschichte. Als Apologie christlicher Religion bedeutet das zunächst deren defensive Rechtfertigung gegenüber Formen des Götterkults, die (neuzeitlich gesprochen) als Ideologie und Affirmation bestimmter Herrschaftsformen und -genealogien fungieren. Augustin bringt in den ersten sieben Büchern den materialreichen Nachweis, daß jede Form der Götterverehrung, die diese in genealogischen Zusammenhang mit geschichtlichen Machtstrukturen bringen, religiöser Kult ist. ›Apologie des Christlichen‹ bedeutet deshalb zunächst eine Apologie der Kritikfähigkeit und Kritikbedürftigkeit der ›Geschichte dieser Weltzeit‹. Augustin verfaßt diese Apologie, bevor die christliche Religion als geschichtlicher Machtfaktor ›Christentum‹ selbst Anteil an der chronique scandaleuse ›Geschichte‹ errang.[50] Die Rede von den ›zwei Bürgerschaften‹

bzw. Gemeinschaften stellt zwei Blickweisen auf ein- und dieselbe ›Geschichte‹ dar. Die ›Bürgerschaft Gottes‹ unterscheidet sich durch den Maßstab der Selbstreflexion des eigenen, geschichtlichen Tuns von der ›anderen‹. ›Im ganzen menschlichen Geschlecht entfalten sich im Geborenwerden und Sterben diese beiden Gemeinschaften, die erste ist ein Bürger dieser Welt, die zweite ein Fremder in ihr, in Gnade vorherbestimmt, in Gnade erwählt, aus Gnade ein Fremder unten, aus Gnade ein Bürger oben. Sie stammt aus derselben Masse, die in ihrem Ursprung als ganze verdammt ist.‹ (15, 1) Die Apologie der ›civitas dei‹ erweist sich als Reflexion dessen, daß nicht nur das sich perennierende Unglück der Selbstverschuldung geschichtliches Datum ist. In der Geschichte der ›civitas terrena‹ gibt es (innergeschichtliche) ›Zeichen‹, die über die Verdammung zum Unglück hinausweisen. Es sind die der ›civitas dei‹. (15, 2) Die Deutung dieser innergeschichtlichen Zeichen ist ihre Apologie. Augustin ist im Rahmen dieser Strategie der Apologie ›christlicher‹ Religion durchgängig bemüht, die Menschwerdung Gottes als das Offenbargewordensein des Logos vom Glauben an die historische Einmaligkeit dieses Geschehens zu lösen. So schreibt er im Rückblick, daß es ›die Sache, die jetzt christliche Religion genannt wird, schon bei den Alten gab, und daß seit dem Beginn des menschlichen Geschlechts sie auch nicht fehlte‹. (Vgl. Retract. I, 13, 3) Das ›Offenbarwerden des Logos‹ ist ein heilsgeschichtliches Ereignis, das individuell nachvollzogen und ›wiederholt‹ werden will. Die Geschichte der Gegenwärtigkeit dieser ›Menschwerdung Gottes‹, die seiner ›immer schon geschehenen‹ Kondeszendenz, ist die Apologie der civitas dei, die ›nicht erst seit Christi Gegenwart wie ein Fremder durch dieses saeculum wandert‹. (Civ. 18, 51)

Die Apologie der civitas dei zweckt auf keine Rechtfertigung einer ›christlichen Ordnung‹ in einem theokratischen Sinne ab. Der Bereich des Geschichtlichen, die historische und institutionelle Erscheinung der ›irdischen Gemeinschaft (societas terrena)‹ der Menschen, ist eine Ordnung der Not. Die civitas dei steht nicht in der Ordnung der Geschichte des Politischen, sondern zielt auf die Aufhebung seiner Ordnungsbedürftigkeit. Sie ist nicht chronologisches Faktum, sondern heilsgeschichtliches Datum. Die Ordnung des Geschichtlichen ist der Zweck des ›irdischen Staats‹ und seine Notwendigkeit. In diese Ordnung der Notwendigkeit ist die civitas dei nicht eingefügt. ›Der Gebrauch der zu diesem sterblichen Leben gehörenden Dinge ist beiden Bürgerschaften gemeinsam. Aber der Zweck des Gebrauchs (finis utendi) ist jeweils eigen und grundverschieden‹, heißt es Civ. 19, 17. Eine Sache ›gebrauchen‹ *(uti)* heißt, sie auf etwas anderes zu beziehen, das geliebt wird und zu ›genießen‹ *(frui)* ist. Genießen aber bedeutet, etwas ›um seiner selbst willen und mit Freude zu gebrauchen‹. (Vgl. De trin. X, 10, 13; 11, 17; De doctrina christiana I, 4, 4) In diesem Sinne ist die Sphäre geschichtlicher Not ein Gegenstand des Gebrauchs, dessen Ziel der Genuß desjenigen ist, was jenseits der historischen Nezessitäten liegt. Der zeitliche Gebrauch des Geschichtlichen erfolgt des Genusses des Ewigen wegen. (Vgl. Civ. 8, 8; 11, 25; 19, 1; 19, 14) Dieses ›frui‹ gehört nicht in die Reihe der Ordnung geschichtlicher Notwendigkeit. Es ist die Gegenwart desjenigen, was das Reich der Notwendigkeit, das Geschichte heißt, transzendiert. Ihre Geschichte ist die Geschichte der Gegenwart dieser Transzendenz.

Die *civitas dei* ist *»res populi«* im Unterschied zu den »rei publicae« in der Geschichte. (Ebd. 2, 21) Sie ist das ›Seelenleben der Gemeinde‹, kein institutionelles Gebilde. Sie ist ein Prinzip der Inwendigkeit. Dieses Inwendigkeitsprinzip steigert Augustin bisweilen derart, daß seine Apologie als Kunst der Anpassung an die jeweiligen historischen Umstände erscheint. ›Apologie des Christlichen‹ wird zu vorauseilender Resignation – gewissermaßen zur Kunst der Einfügung des Transzendenzanspruchs der civitas dei in das historisch Vorfindliche, sofern – und hier dringt bei Augustin deutlich Unduldsamkeit durch – die ›wahre Religion‹ nicht behindert wird. (19, 17) Augustins Rechtfertigung der civitas dei bewegt sich im Spannungsverhältnis von affirmativer Weltflucht (der Glaubensgewißheit von Hoffnung) und prinzipieller Kritik am geschichtlich Realisierbaren. Sie bleibt als Kritik des geschichtlich Vorfindlichen mehrdeutig. Diese Mehrdeutigkeit rührt daher, daß die civitas dei zu denken ist als eine innergeschichtliche Kategorie und gleichzeitig auf die Aufhebung der Notwendigkeit des Geschichtlichen abzielt. Spricht Augustin von der civitas dei als Affirmation des geschichtlich Bestehenden, d.h. von ihrem Erfahrungsanspruch als einem jenseitig sich Erfüllenden, das ›in spe‹ und futurisch ist, so wird ihr Tun gleichsam zu einer Zwischenwelt inmitten des Geschichtlichen. Man könnte von einer Dialektik der Affirmation des Bestehenden sprechen. Durch den Trost jenseitsgerichteter Transzendenz soll der Mangel des geschichtlich Bestehenden affirmiert werden, er wird aber gerade dadurch als Mangel benannt. Was zum nachgeschichtlichen Gegenstand der Hoffnung wird, ist durch die Selbstreflexion der civitas dei und ihrer Geschichte selbst Teil der Profangeschichte. Diese ›vorendzeitliche‹ Geschichte antizipierender Hoffnung ist (wie ihre Apologie) Ausdruck prinzipiellen Ungenügens am geschichtlichen ›Ist‹.[51] Die profane Geschichte ist noch nicht davon erlöst, daß das ›saeculum malignum‹ von dem Verlangen zu herrschen selbst beherrscht wird: »dominandi libido dominatur«. (14, 28; vgl. 3, 14) Seine Geschichte ist eine Sukzession von Herrschaftsformen, deren ›Entwicklung‹ der Austausch der einen durch eine andere (samt der dazugehörigen religiösen Kulte) ist. Was sind die geschichtlichen ›Reiche‹, fehlt ihnen Gerechtigkeit, anderes als große Räuberbanden, fragt Augustin mit schneidender Schärfe: »Remota itaque iustitia quid sunt regna nisi magna latrocinia?« (4, 4) Die profane Geschichte ist eine ›Kette des Unglücks‹, eine »series calamitatis«. (13, 14) Es gab noch keinen ›Staat‹, der dem Anspruch der ›Gerechtigkeit‹ entsprochen hätte, woraus folgt, daß es noch keine »res publica« gab: »ubi iustitia non est, non esse rem publicam.« (19, 21) Es gibt nur die Geschichte institutionell geregelter Gewalt. Als Grund dafür gibt Augustin das Mythologem ursprünglicher Selbstverschuldung an. In dieser ›Begründung‹ des Unglücks unerlöster Geschichte kehrt zum einen der manichäische Dualismus aus Augustins Jugend wieder. Zum anderen aber ist bedeutsam, wofür diese ›Begründung‹ und der aus ihr resultierende ›verdammende Blick‹ auf die ›elende Geschichte des Menschengeschlechts‹ sozusagen methodisch die Betrachtung geschichtlicher Faktizität freimachen. Die Fakten der Geschichte sollen ›ohne Beschönigung betrachtet, überlegt und beurteilt werden‹: »nuda cernantur, nuda pensentur, nuda iudicentur.« (3, 14) Unglück und Leid sind nicht Momente eines ›an sich‹ gerechtfertigten Geschichtsprozesses.[52] Soll die chronique scandaleuse dieser geschichtlichen Welt gedeutet werden, so läßt sie sich nicht rechtfertigen, sondern einzig als Strafe verstehen. (21, 15) Geschichte wird zum Inbegriff selbstverschuldeter Bestrafung. Dies gilt nicht nur für die ›vorchristliche‹ Vergangenheit, sondern auch für die ›christliche‹ Gegenwart. Auch hierin zeigt sich, daß Augustins Apologie der civitas dei keine Apologie des Christlichen in einem historisch-politischen Sinn ist. Seine Apologie bedeutet keine Säkularisierung heilsgeschichtlicher Erwartungen, sondern markiert ein heilsgeschichtliches Soll. Dem Glauben nach kommt diesem Soll eine jenseitige und zukünftige Wirklichkeit zu. Dem Faktum nach erweist es sich als Grund der prinzipiellen Kritik am geschichtlich Bestehenden. Grund und Maßstab der Kritik am geschichtlich Bestehenden ist die Erinnerung dessen, was noch nicht ist. Es ist die Form der Transzendenz, die – innergeschichtlich – als ›Schönheit‹ erfahren wird. (Vgl. Kap. 3.2)

Die Wirklichkeit der civitas dei erweist sich in der und als die Kritik am innergeschichtlich Bestehenden. Maßstab und Grund dieser Kritik ist das Ungenügen an der Geschichte des Scheiterns und des Mißglückten in dieser Weltzeit. Es ist die Erinnerung des Unglücks, die dieses nicht dadurch erklärt, daß man sich dem Ist des Faktischen anzupassen habe und diese Anpassung als philosophische Tugend erklärt. Die stoische Tugend ist Augustin nicht Überwindung der menschlichen Übel, sondern deren augenfälligster Ausdruck. Die ›Geduld‹ reflektierender Selbstbescheidung ist ein Sublimationsphänomen wie die vier ›Tugenden‹ temperantia, prudentia, iustitia, fortitudo insgesamt. (19, 4) Sie sind Ausdruck geschichtlicher Not, nicht deren Abschaffung. Der vorauseilenden Resignation, die den Anspruch auf Glück durch die Geduld theoretischer Einsicht ersetzt und das ›Ist‹ des Geschichtlichen als Unveränderliches auffaßt, gilt Augustins Aufmerksamkeit und Kritik. ›Glücklich‹ ist man nicht dann, wenn man geduldig im Elend ist. (14, 25) Die Kritik an innergeschichtlicher Selbstbescheidung bleibt von der Strategie, dem Unglück dieser ›mißgünstigen Weltzeit‹, aus dessen Immanenz in diesem Leben nicht zu gelangen sei, die Glaubensgewißheit der civitas dei entgegenzusetzen, deren Hoffnung in postmortaler Transzendenz sich erfülle, unberührt. Selbst wenn erfülltes Glück als Transzendenz gedacht wird, die auf die Immanenz des Innergeschichtlichen – unbestimmt wann – folgt, bleibt die Kritik an stoischer Selbstbescheidung im Recht. Diese ist intelligible Sublimation und läßt das Intelligible selbst zu einem Sublimationsphänomen werden. Den Anspruch des Glücks zu vergessen, ist nicht dessen Erfüllung. Er läßt sich – der theoretischen Selbstbescheidung zum Trotz, die die geschichtliche Not zur Not *des* Geschichtlichen macht – erinnern.

Das ›Elend‹ sowohl der vergangenen wie der ihm gegenwärtigen Geschichte schildert Augustin drastisch. Die Geschichte der ›civitas terrena‹ ist die der Angst (bzw. der Ängste: »angustiae«). Es ist eine Geschichte des Selbstwiderspruchs, der Kriege, des Streites, des Strebens nach todbringenden und todverfallenen Siegen. (15, 4) Diese ›Misere‹ (in) der Geschichte ist nicht beendet. (19, 7) ›Geschichte‹ ist nicht die Katastrophe des Unglücks, das noch aussteht, sondern das geschehende. ›Dieses Leben, ist es denn Leben zu nennen, ist so vieler und so großer Übel voll, daß es von seinem Ursprung her bezeugt, daß das ganze Geschlecht der Sterblichen verdammt ist.‹ Das zeige sich ›in den beißenden Sorgen, Leidenschaften, im Kummer, der Angst und all den anderen Widerwärtigkeiten, die aus dem Leben der Menschen nicht wegzudenken sind‹. Es ist ein Reich der Notwendigkeit, in dem ›Trägheit, Faulheit, Nachlässigkeit zwar Laster‹ seien, mit denen vor der Not der Arbeit geflohen werden soll. Das kann aber nicht darüber hinwegtäuschen, daß diese Notwendigkeit der Arbeit eine Not und ›Arbeit selbst, auch die nützliche, eine Strafe ist‹: »labor ipse, etiam qui est utilis, poena sit.« (22, 22)[53] Augustins Kritik gilt dem geschichtlichen Dasein in seiner Sorgestruktur. Die Explikation der Sorgestruktur des Daseins in dieser Weltzeit ist – vergleichbar der Erläuterung der Sorgestruktur individueller Existenz in Buch X der *Confessiones* mit dem Fazit: »Ecce, domine, iacto in te curam meam« (X, 43, 70) – eine immanente Kritik des Geschichtlichen. Jeder Rückzug in theoretische Ataraxie oder eine zu erreichende Ataraxie des Theoretischen (in einer sich zeitlos denkenden Selbstsuffizienz des Intelligiblen) ist der Versuch, zu vergessen und zu verdrängen, was sich als die Gegenwart der Geschichte zeigt. ›Wer also diese Übel, die so groß sind, so erschreckend und verheerend, mit Schmerz betrachtet, gestehe, daß sie ein Elend sind. Wer sie aber ohne Schmerz des Bewußtseins erduldet oder so denkt, der mag sich für glückselig halten, aber er ist um so elender, da er seinen menschlichen Sinn verloren hat‹. »Haec itaque mala tam magna, tam horrenda, tam saeva, quisquis cum dolore considerat, miseriam fateatur; quisquis autem vel patitur ea sine animi dolore vel cogitat, multo utique miserius ideo se putat beatam, quia et humanum perdidit sensum.« (Civ. 19, 7) Augustin spricht hier nicht von Mitleid als einer möglichen Reparaturinstanz geschichtlichen Elends. Er spricht davon, daß dieses sich nicht rechtfertigen läßt. Auch die Glaubensgewißheit eines postmortal und jenseits der Geschichte sich erfüllenden Glücks taugt hier nicht zum Trost. Im Gegenteil. Die Hoffnungsgewißheit um ein Geschichtstranszendentes, schärft den Sinn dafür, was prämortal und intramundan in der Geschichte Unglück ist.

In dieser Welt der Geschichte ist die civitas dei ›auf Wanderschaft in der Fremde‹: eine *›civitas peregrina in peregrinatione‹*. (Vgl. z.B. 1, 29; 5, 16; Conf. X, 4, 6; XII, 11, 13) Die Kritikbedürftigkeit und Kritikfähigkeit an dem, was geschichtlich war oder ist, *ist* die innergeschichtliche Ausdrucksform der civitas dei und ihre Apologie, die sie nicht als religiöses Moment geschichtlicher Herrschaft funktionalisiert. Ihre Apologie ist eine Apologie des prinzipiellen Widerspruchs. Die civitas dei als prinzipieller Widerspruch gegen Formen geschichtlichen Bestehens, die dem Wollen des Glücks nicht nur nicht entsprechen, sondern widersprechen, ist die innergeschichtliche Wirklichkeit desjenigen, was dem Glauben nach in einem jenseits sich Erfüllenden erhofft wird. Als dieser Widerspruch, d.h. im Spannungsverhältnis zu dem, was geschichtliches Bestehen hatte oder hat, ist die civitas dei in die ›Geschichte dieser Weltzeit‹ verwoben. Ihr Gegenstand ist nicht nur die Hoffnung auf ein geschichtstranszendentes und Geschichte transzendierendes Heilsgeschehen, auf das der geschichtliche Prozeß zustrebe. Von dieser geschichtsphilosophischen Konstruktion einer ›Gerichtetheit‹ des geschichtlichen Prozesses ist bei Augustin – abgesehen vom Glauben daran, daß die in sich antagonistische Verwobenheit der beiden Bürgerschaften ein eschatologisches Ende erfahren wird – nicht die Rede. ›Gegenstand‹ der civitas dei ist vielmehr – wenn auch für die Glaubensgewißheit an eine ›Heimat‹ jenseits und nach der ›Fremde‹ der Geschichte vielleicht sekundär – das Festhalten am Anspruch des Glücks *in dieser* Weltzeit. Die Geschichte dieses Festhaltens am Anspruch des Glücks ist die Geschichte der civitas dei, die ›wie eine Fremde in dieser Weltzeit wandert‹. Es ist eine Geschichte – und die ›Tradition‹ – des sich in der Geschichte erhaltenden Widerspruchs. Die Geschichte der

›civitas dei‹ ist mit der der ›civitas terrena‹ verwoben und vermischt – bis beide im ›letzten Gericht‹ (dem »ultimum iudicium«) voneinander getrennt werden. (Vgl. Civ. 1, 35; 15, 1/18/20; 19, 17) Vor diesen ›letzten Dingen‹ ist Geschichte der Text der Geschichten beider. Geschichte ist, was sich als Geschichte der Erinnerung des Glücks im Widerspruch zur faktischen Gegebenheit von Herrschaft und Gewalt erzählen läßt. Die Apologie der civitas dei ist eine Verteidigung des Rechts, die Geschichte dieser Weltzeit Fremde zu nennen, solange sie ›Fremde‹ ist. Die ›Rechtfertigung‹, die Augustin der in der Fremde der Geschichte wandernden *civitas peregrina* gibt, zielt nicht nur auf ein Futurum der Hoffnung und eine Ewigkeit nach der Zeit. Das Ende der Fremde von Geschichte erfüllt sich bereits in dieser Weltzeit, es geschieht ›schon jetzt‹: »Schon jetzt richtet Gott, so wie er seit Beginn des menschlichen Geschlechts schon gerichtet hat.« (20, 1) Darauf, daß der ›Tag des Gerichts‹ sich bereits in der Zeit als die mit Geschichte erfüllte ›jüngste Zeit‹ erweist, wird bei den beiden Formen des Eschatologischen zurückzukommen sein. Zuvor möchte ich nach dem ›Dualismus‹ fragen, der sich daraus ergibt, wenn man aus dem Widerspruch, der die civitas dei innergeschichtlich ist, einen Widerspruch zur Geschichte macht.

5.2 Geschichtsdualismus: Dualität der Geschichte

Die Apologie der civitas dei als Rechtfertigung der Kritikfähigkeit und Kritikbedürftigkeit des geschichtlich Existierenden zu verstehen, ist eine Interpretationsmöglichkeit von Augustins Geschichtsbetrachtung in *De civitate dei.* Die andere besteht darin, die Aporie des Geschichtlichen in einen prinzipiellen Dualismus aufzulösen. Dieser stellt – vor allem in Verbindung mit Augustins Prädestinationslehre – die Wiederkehr der manichäischen Denkweisen seiner Jugend dar. Sie tauchen mit aller Macht immer dann wieder auf, wenn die Rede von der *›civitas peregrina‹* ihres kritischen Sinns beraubt wird. Die Kritik gilt dann nicht mehr konkreter Geschichte, sondern einer prinzipiellen Verfaßtheit des Geschichtlichen selbst. Dieser, den Zwiespalt des Geschichtlichen auflösende Dualismus – zwischen ›civitas dei‹ und ›civitas diaboli‹ (17, 20) – läßt das ›saeculum malignum‹ zum Demonstrationsobjekt einer ›die Geschichte‹ bestimmenden Struktur werden. Das Mißglückte profaner Geschichte wird ontologisiert. ›Geschichte‹ ist prinzipiell dem Unglück verfallen – und die Möglichkeit des Glücks ein unvordenkliches Heilsgeschehen, das der Endlichkeit geschichtlichen Existierens entgegengesetzt bleibt. Die Zeit geschichtlicher Existenz ist die ›Fremde‹ prinzipiellen Unglücks und prinzipieller Schuld. Die Gnade des Glücks wird der Welt des Geschichtlichen entgegengesetzt – als die Ewigkeit der ›zur Ehre Erwählten‹, die auf die Zeit der Geschichte folgt. Der Theoremkomplex von ›Erbsünde, Gnade und Prädestination‹ erweist sich als Regression zu einem prinzipiellen Dualismus der Betrachtung von Geschichte. Die ihres kritischen Sinnes beraubte Rede von der civitas dei wird gleichsam verhärtet. Manichäisch ist die Ansicht, daß es nicht ›eine‹ Geschichte gibt, in der die beiden menschlichen Gemeinschaften miteinander verwoben sind, sondern eine ›des Guten (Erlösten) und des Bösen‹ (Verdammten). Es ist nicht die Wiederkehr des gleichen Manichäismus, dem Augustin in seiner Jugend anhing. Dieser war der Dualismus zweier Prinzipien, die vor aller Geschichte angenommen werden. ›Welt‹ war ›nur noch‹ der Ort der Auseinandersetzung jener Prinzipien. (Vgl. Conf. IV, 1, 1) Der geschichtstheologische Manichäismus Augustins in *De civitate dei* ist keine Rückkehr zu diesem Prinzipiendualismus (kosmologischer oder ontologischer Art, vgl. Civ. 11, 22). Die Reprise manichäischer Denkmuster zeigt sich vielmehr in einem prinzipiellen Dualismus der Betrachtung des Geschichtlichen. An die Stelle eines Prinzipiendualismus tritt ein prinzipieller Dualismus der Betrachtungsweise. Augustin begründet diesen prinzipiellen Dualismus der Betrachtungsweise damit, daß die Verantwortlichkeit für das eigene Tun in der Geschichte, die Freiheit des Willens, der Ursprung der Selbstverschuldung der menschlichen Gattung ist. ›Geschichte‹ wird zum Inbegriff der Erfahrung der Verantwortlichkeit für das eigene Handeln.

Buchstäblich genommen ist Augustins Theoremkomplex von Erbsünde, Prädestination und Gnade das Skandalon eines gnadenlosen Manichäismus. Die Verknüpfung von erbsündhafter Verdammtheit und Prädestination, d.h. radikaler göttlicher Willkür, stellt gleichsam eine Überreaktion auf das Faktum dar, daß die bisherige Geschichte des menschlichen Geschlechts dem Maßstab der Menschenwürde nicht entspricht. Die Kritik daran schlägt zu einer Rechtfertigung negativer Art um. Sie konnte der Menschenwürde nicht entsprechen, weil sie prinzipiell menschenunwürdig, d.h. unveränderlich, und weil sie prinzipientheoretisch, d.h. radikal verdorben ist. Augustin hat diese ›Lehre‹ mit aller Deutlichkeit nicht nur an einer Stelle von *De civitate dei* formuliert. Die Ungerechtfertigtheit geschichtlichen Leids, seine Sinnlosigkeit, läßt sich nur dadurch ›rechtfertigen‹, daß dies Ausdruck göttlicher Willkür und Geschichte mit ihren beiden ›Bürgerschaften‹ jener Prozeß ist, den der strafende Gott mit dem sich selbst zur Schuld verdammt habenden menschlichen Geschlecht führt. ›Göttliche Gnade‹ ist keine dem geschichtlichen Prozeß gegenüber externe und gleichsam kalkulable Berufungsinstanz mehr. Augustin formuliert den in der Tat manichäischen Dualismus seiner Prädestinationslehre an einer Stelle von *De civitate dei* mit aller Härte. ›So werden uns hier die beiden menschlichen Bürgerschaften vorgeführt, die eine verhaftet dieser Welt, die andere in Hoffnung auf Gott, beide wie aus einer gemeinsamen Pforte der Sterblichkeit, die in Adam geöffnet wurde, hervorgegangen, daß sie hervorlaufen und ein jeder zu seinem besonderen, jeweils eigenen und verschuldeten Ziele gelange. So beginnt die

Zählung der Zeiten. Ihr werden auch die anderen Abkömmlinge hinzugefügt, nachdem wiederholt wurde, daß sie aus Adam sind. Aus einem verdammten Geschlecht, wie aus einer selbstverschuldeter Verdammnis übergebenen Masse, macht Gott die einen zum Gefäß des Zorns zur Schändung, die anderen zu Gefäßen der Barmherzigkeit zur Ehre. Jenen vergilt er mit verdienter Strafe, diesen gibt er in unverdienter Gnade. Aus diesem Vergleich der Gefäße des Zorns lerne die obere Bürgerschaft, die auf Erden wandert, nicht der Freiheit des eigenen Willens zu glauben, sondern hoffe, den Namen Gottes, des Herrn, anzurufen‹: »Propositis itaque duabus civitatibus, una in re huius saeculi, altera in spe Dei, tamquam ex communi, quae aperta est in Adam, ianua mortalitatis egressis, ut procurrant et excurrant ad discretos proprios ac debitos fines, incipit dinumeratio temporum; in qua et aliae generationes adiciuntur, facta recapitulatione ex Adam, ex cuius origine damnata, veluti massa una meritae damnationi tradita, facit Deus alia in contumeliam vasa irae, alia in honorem vasa misericordiae, illis reddens quod debetur in poena, istis donans quod non debetur in gratia; ut ex ipsa etiam comparatione vasorum irae superna civitas discat, quae peregrinatur in terris, non fidere libertate arbitrii sui, sed speret invocare nomen Domini Dei.« (15, 21) Das ›genus humanum‹ ist eine selbstverschuldeter Verdammung übergebene Masse, der Gott nicht mehr die Appellationsinstanz gnädiger Vorsehung ist, sondern das Urteil, das schon vor dem geschichtlichen Prozeß, seiner Exekution, gesprochen ist. Wie die Weltzeit der Geschichte ein ›saeculum malignum‹ ist, erscheint in Augustins Prädestinations- und Gnadenlehre Gott als ein ›deus malignus‹, der den endzeitlich drohenden Schrecken schon vor aller Zeit vorherbestimmt hat. Immer wieder repetiert durchzieht dieses Motiv die Geschichtsbetrachtung von *De civitate dei* von Anfang bis Ende. Geschichte wird zum Ort des Schreckens, aus dem es kein Entrinnen, Glück zum Ausnahmezustand, auf den es keinerlei Anspruch gibt. ›Die ganze Masse des menschlichen

Geschlechts ist verdammt, so daß keiner aus ihm von diesem gerechten und verdienten Strafgericht befreit wird, es sei denn durch unverdiente Gnade. Das menschliche Geschlecht ist geschieden worden, damit an einigen gezeigt wird, was erbarmende Gnade vermag, an den restlichen aber, was die gerechte Strafe. Beides kann nämlich nicht an allen gezeigt werden, denn verblieben alle in den Strafen gerechter Verdammung, so würde in keinem die erbarmende Gnade erscheinen. Wiederum, würden alle aus der Finsternis ins Licht geführt, so würde in keinem die Wahrheit der Rache erscheinen. In diesem Zustand (der Strafe) befinden sich aber viel mehr als in jenem, damit sich zeigt, was eigentlich alle verdienen.« (21, 12) Der Zeit der Geschichte, die prinzipiell und radikal in einer gleichsam mythischen Verzirkelung von Schuld, Rache und Vergeltung, deren Form ›göttliche Vorsehung‹ ist, besteht, wird eine Heilsgeschichte entgegengesetzt, die als Ewigkeit auf die Zeit folgt so wie sie vor ihr bestand. Der prinzipielle Dualismus in der Betrachtungsweise von Geschichte ist in einem manichäischen Dualismus zwischen Ewigkeit und Zeit fundiert. Dieser schon in *De vera religione* (vgl. 49, 97; 52, 101; 53, 103) gleichsam neuplatonisch durchreflektierte Gegensatz zwischen Ewigkeit und Zeit kehrt in *De civitate dei* im prädestinierten Dualismus der ›beiden Bürgerschaften‹ wieder. Er kehrt wieder als manichäischer Dualismus innergeschichtlicher und zugleich als einer gleichsam gegengeschichtlicher Art. Dem in *De vera religione* formulierten Gegensatz zwischen Ewigkeit und Zeit fügt Augustin in *De civitate dei* die in der Zwischenzeit entdeckte Gnaden- und Prädestinationslehre hinzu. Die der (elenden) Zeit der Geschichte entgegengesetzte Ewigkeit verliert ihre providentielle Güte. Sie ist weder eine Sphäre des Transzendenten, das sich intellektuell konstruieren läßt, noch theoretische Rechtfertigungsinstanz innerzeitlichen Elends. Sie ist nicht mehr ein Aufstiegsobjekt intelligibler Kompensation. Die Transzendenz, die der Zeit der Geschichte gegenüber als Ewigkeit gedacht wird, bietet keinen Trost mehr. Es kann nicht davon ausgegangen werden, daß der geschichtliche Prozeß wie die Lebensgeschichte eines jeden auf eine jenseitige Glückseligkeit zuliefen. Im Gegenteil. Im Schrecken der Gnaden- und Prädestinationslehre geht der Transzendenzoptimismus des Neuplatonikers Augustin zugrunde. Was als gütig wirksames göttliches Prinzip gedacht werden soll, ist im Hinblick auf die ›disiecta membra‹ dieser Weltzeit – die wir in Händen halten, fällt der Glaube an die Ewigkeit als einer im Prinzip gnädigen Regie weg – nichts anderes denn Willkür. Mit Grund zu erwarten ist nicht Glück, sondern die Verdammung, die sich für jedes Individuum nach der Zeit der Geschichte fortsetzt – so wie sie als Elend, Sorge und Unglück schon diese Zeit der Geschichte bestimmt. Die Welt dieser Gnaden- und Prädestinationslehre ist von gnadenloser Vergeltung als ihrem Prinzip durchherrscht. ›Bei der Bestrafung jener Sünde geschah nichts anderes, als daß Ungehorsam mit Ungehorsam vergolten wurde‹, schreibt Augustin Civ. 14, 15. Der Gott der Gnaden- und Prädestinationslehre ist den Gesetzen des einfachen Tauschs und dessen mythischem Grund – der Angst der Verschuldung, die Rache will und keine Verzeihung kennt – nachempfunden. Die Rede von einem gnädigen Gott ist bloße Selbsttäuschung. Die ›Zahl der Bürger der Bürgerschaft Gottes‹ ist festgelegt und vorherbestimmt: »certum numerum civium suae civitatis praedestinatum est«, heißt es Civ. 14, 26, und weiter, daß es ›nicht verdiente, sondern grundlos gewährte Güte ist, die aus der Gemeinschaft der Menschen, mit denen die gemeinsame Strafe zu Recht zu erleiden wäre, befreit‹. Das Glück der ›Befreiung‹ von der ›eigentlich‹ verdienten Strafe ist das ›Mehr‹ gegenüber der Welt der Rache und Vergeltung, als deren Prinzip und genealogische Letztbegründung Augustins Gnaden- und Prädestinationslehre einen Gott der Willkür denkt. Der Gott der Gnaden- und Prädestinationslehre ist die Form der Unerlöstheit, als deren Erscheinungsweise Geschichte verurteilt wird.

In Augustins Gnaden- und Prädestinationslehre zeigt sich im Hinblick auf Geschichte ein Dualismus mehrfacher Art. Es ist von einer Erwartung die Rede, als deren Verhinderung gleichzeitig Geschichte gedacht wird – als das konsequente Strafgericht verdienten Unglücks. Augustins Denken von Geschichte bedeutet in dieser Hinsicht einen manichäischen Rückzug aus der Welt des Geschichtlichen. Die Kritik an der ›series calamitatis‹ in der Geschichte wird zu jener Kritik übersteigert, die die Welt des Geschichtlichen selbst als unrettbar verdammt denkt. Durch den ›schlechten Gebrauch des freien Willens ist das menschliche Geschlecht radikal verdorben und unrettbar verdammt‹. (13, 14) Das Mythologem dieser unhintergehbaren Verschuldung ist eine Theorie der Selbstverschuldung. ›Gnade‹ ist das Glück, das dieser Verstrickung in Selbstverschuldung entronnen sein und entrinnen läßt. Mehr als diese Willkür der Gnade erhält sich von dem, was als providentielle Güte zeitloser Ewigkeit gedacht wird, nicht. Manichäisch an dieser Gnadenlehre ist das Moment der Prädestination. Der sich perennierenden Katastrophe geschichtlicher Welt wird ein Jenseitsglaube gegenübergestellt, der die Entwertung jeder Möglichkeit eines innergeschichtlichen ›Fortschritts‹ bedingt. Der Dualismus von Augustins Gnaden- und Prädestinationslehre ist gleichsam ein umgedrehtes Transzendenzdenken. ›Transzendenz‹ wird erstens der ›schlechten‹, prinzipiell unerlösbaren Welt des Geschichtlichen als der Sphäre der Immanenz des Immergleichen an Selbstverschuldung ›positiv‹ entgegengehalten: als das Jenseits nach der Endzeit dieser Welt, das jetzt nur als Willkür erscheint. Zweitens wird der Sphäre des Geschichtlichen, der Immanenz geschichtlicher Existenz, jede Transzendenz, jedes Transzendieren abgesprochen. ›Unglücklich kämpft die menschliche Natur mit sich selbst‹, denkt sie sich als Ursache und als Gegenstand unentrinnbarer Schuld. »Natura humana secum pugnat infelix« (Civ. 21, 15), nimmt sie Gott als den Grund der Verdammung an, mit der dies Denken selbst die Welt geschichtlicher Immanenz verurteilt.

Wie aber verhält sich zu diesem manichäischen Dualismus der Selbstverdammung geschichtlicher Existenz die Innergeschichtlichkeit und Innerzeitlichkeit der ›civitas dei‹, die in dieser Weltzeit auf ›Wanderschaft‹ ist: ›fremd‹ in dieser Fremde unerlöster Geschichte und selbst eine Entwicklung in dieser Weltzeit habend? Die civitas dei ist im Unterschied zu dem, was sie zum jenseitigen Gegenstand der Hoffnung macht, kein Gegenstand bloßer Hoffnung. Sie ist ein innergeschichtliches, innerzeitliches und – im Hinblick auf das Schreckensszenario von Augustins Gnaden- und Prädestinationslehre formuliert – ›vorendzeitliches‹ Erfahrungsdatum in der Profangeschichte. Die Unterscheidung zwischen den beiden ›Bürgerschaften‹ hat nicht nur die Bedeutung, daß der Geschichte dieser Welt die Möglichkeit des Glücks abgesprochen und entgegengesetzt wird. Sie hat nicht nur die Bedeutung, die Dualität von Geschichte zu substantialisieren. Die Rede von der civitas dei erzählt auch die Geschichte eines Erfahrungsanspruchs, der mit ›Geschichte‹ verbunden ist und ihn tradiert.

Manichäisch ist der Blick, der Geschichte zum Ort unabänderlichen Unglücks verdammt und dieser Strafe der Selbstverdammung eine andere Geschichte als Zeit der Erlösung entgegensetzt. Augustins Prädestinationslehre spricht über die Geschichte der *civitas terrena* das Urteil, dessen Erscheinung sie schon ist. Er denkt aber zugleich die Geschichte der *›civitas peregrina‹* in die Ordnung dieser Weltzeit verwoben. Ihre Geschichte ist die Erinnerung des Glücks. Civ. 11, 25 folgert Augustin aus dem Unterschied zwischen ›Genuß‹ (frui) und ›Gebrauch‹ (uti) – er ›scheint darin zu bestehen, daß wir eine Sache genießen, wenn wir sie nicht auf anderes beziehen, sondern sie um ihrer selbst willen erfreut, daß wir aber eine Sache gebrauchen (als Mittel benutzen), wenn wir sie wegen etwas anderem begehren‹ –, daß ›deshalb das Zeitliche mehr als Mittel zu benutzen ist als zu genießen, um den Genuß des Ewigen zu erreichen‹. Gibt es ein ›Genießen des Ewigen‹ im ›Gebrauch des Zeitlichen‹?

Kommt es beim Genuß des Ewigen auf den Gebrauch des Zeitlichen in der Zeit der Geschichte an oder auf einen Genuß, der erst nach dem Gebrauch des Zeitlichen erfolgen soll oder darf? Ist die Ordnung des Glücks der Genuß des Ewigen im Gebrauch des Zeitlichen – so ist es erinnert (vgl. Kap. 3.2, 3.3) – oder folgt es erst auf die Zeit?

Die Rede von der Aporie des Geschichtlichen und von der Dualität seiner Betrachtung führt auf zweierlei Formen der Eschatologie.

5.3 Zweierlei Eschatologie

In der Rede von der civitas dei spiegelt sich die Aporie des Geschichtlichen. Sie spiegelt sich natürlich nur dann, wenn man die – gut augustinische – Gewißheit über eine ›Ordnung der Zeiten‹, in der die (außergeschichtliche, geschichtslose und entzeitlichte) Ewigkeit des Glücks oder der Verdammung auf die Zeit innergeschichtlicher Existenz folgt, nicht mehr als gültiges Vorurteil annimmt. Wie eine Formel durchzieht die These, daß das ›Glück des ewigen Lebens‹ auf die Zeit der Geschichte folge, die 22 Bücher von *De civitate dei* von Anfang bis Ende. Nicht in diesem Leben, erst nach ihm vermöge sich das ›Glück des ewigen Lebens‹ zu erfüllen. (Vgl. z.B. 6, 1) Der Unsicherheit geschichtlicher Existenz steht das ›wahrhaft selige Leben nach dem Tod‹ entgegen. Die christliche Religion stimme mit Plato und dem Platonismus darin überein, daß ›wahrhaft glückselig das Leben ist, das nach dem Tod zukünftig ist‹: »vita, quae post mortem futura est, veraciter beata.« (8, 4) Als communis opinio von Platonismus und christlicher Religion – als futurische Eschatologie eines christlich formulierten ›Neuplatonismus fürs Volk‹ – stellt Augustin den Glauben an ein auf dieses Leben folgendes Jenseits des Glücks dar. (Vgl. z.B. 10, 22). Die Welt der Geschichte, der ›mundus sensibilis‹, sei der Bereich prinzipiellen Mangels – dem das futurisch gedachte Glück als Eschaton entgegensteht. In diesem Leben ist dasjenige, was mehr ist als die Geschichte der ›civitas terrena‹, die sich als eine Kette ununterbrochenen Unglücks erweist, nicht zu erwarten. Die Geschichte ›dieser Welt‹ – betrachtet man sie im Gegensatz zu der von ihr losgelösten civitas dei – ist das Unglück des mundus sensibilis. In dieser dem Vorübergehen des Zeitlichen unterliegenden Welt lasse sich Glück mit Grund nicht erwarten. Es sei ›dem Spruch Platos zu folgen, daß alles, was (in diesem Leben) fehlt, durch die Vorsehung und Gnade Gottes nach diesem Leben erfüllt werden könne‹. (10, 29) Die Erfüllung des Glücks wird zum Gegenstand jenseitsgerichteter Hoffnung und futurische Eschatologie zu einer Kompensationserscheinung. In diesem Denkmodell, das auf das Unglück der Weltzeit ›diesseits‹ die Erlösung von diesem Unglück in einem Jenseits folgen läßt, tritt an die Stelle des innergeschichtlichen Spannungsverhältnisses zwischen ›civitas terrena« und ›civitas dei‹ deren zeitlichen Abfolge. Die Kritik an Geschichte wird durch den Trost einer jenseitsgerichteten Glaubensgewißheit ersetzt. ›Zwar gleichsam in Gefangenschaft, doch bereits getröstet durch das Versprechen der Erlösung, gehorcht die civitas caelestis den Gesetzen der civitas terrena.‹ (19, 17) Der Kernpunkt futurischer Eschatologie ist die zeitliche Vorstellung von Ewigkeit – d.h. die Zeit und Ewigkeit verräumlichende Betrachtungsweise, die die Ewigkeit auf die Zeit (und Welt) des Geschichtlichen folgen läßt. ›Zeit‹ und ›Geschichte‹ sind dann nicht nur ›dieses‹ (ista) – diesseits dessen, was die Grenzen des Erfahrungsmöglichen übersteigt –, sondern ›das‹ Diesseits im Gegensatz zum Jenseits der Ewigkeit. Die Zeitlosigkeit der Ewigkeit – Fixpunkt für den ›mundus intelligibilis‹ – und das Vorübergehen des Zeitlichen – Gravitationszentrum im ›mundus sensibilis‹ – fallen dann auseinander. Wenn das ›ewige Leben‹ auf die Weltzeit des Geschichtlichen folgt, dann wird es zum Gegenstand des Glaubens, dessen Methode Hoffnung ist. Verglichen mit dem Eschaton, daß jenseits und futurisch ›Gott alles in allem sein wird‹ (19, 20), sind die Welt der Geschichte und die Zeit menschlichen Existierens prinzipiell defizient. Wert kommt dem mundus sensibilis nur in der Ausrichtung auf ein jenseitig Erwartetes zu. Die Welt der Geschichte und die Zeit individueller Existenz sind Mittel zu einem Zweck, der sich in der Sukzession des Zeitlichen nur jenseits dieser Sukzession erfüllen kann. Sie sind Mittel zu einem Zweck, der auf die Welt des Zeitlichen folgt.

Hoffnung ist die Denkform futurischer Eschatologie, ihr Gegenstand die ›Auferstehung‹ (die Unsterblichkeit nicht nur der Seele). (15, 18; 20, 6/7) ›Jenseits‹ soll die Sukzession des Zeitlichen – die Unwiederholbarkeit individueller Existenz, die die Veränderlichkeit des mundus sensibilis bedeutet – umgekehrt werden. In einem Leben nach dem Tod soll das Leben beginnen, das keiner zeitlichen Bedingung mehr unterliegt. Der Sinn des Auferstehungstheorems besteht in der paradoxen Hoffnung auf eine Auferstehung auch des Leibes. (20, 6) Der Gegenstand futurischer Eschatologie – das ›unsterbliche Leben‹, dem der Glaube und die Hoffnung gelten – ist kein bloß intelligibler Gegenstand und erschöpft sich nicht in einer Welt des Intelligiblen. Worauf sich Glaube und Hoffnung richten, ist ›materielle, somatische Unsterblichkeit‹.[54] Eine nur intelligible bleibt deren bloßes Surrogat. Zahllos sind die Stellen, an denen Augustin definitorisch verneint, daß das, was Gegenstand der Hoffnung ist, in dieser Weltzeit erfüllt werden könne. Nicht in diesem Leben wird eine Wirklichkeit erlangen, was als Glück einer jenseitigen Ewigkeit dem Diesseits dieser Weltzeit in seiner Endlichkeit entgegengesetzt erscheint. Solange aber dies ausstehend Zukünftige nur Gegenstand der Hoffnung ist – versteht man unter Hoffnung, daß sie sich auf etwas richtet, was per definitionem ›noch nicht‹ ist –, erweist sich diese Gewißheit um ein erst Sein-Sollendes mehr als, wie Augustin einräumt, ›Trost des Elends denn Freude des Glücks‹: »solacium miseriae potius quam gaudium beatitudinis«. (19, 27)

›Wer in der Hoffnung glücklich ist, ist noch nicht glücklich‹, heißt es in *De trinitate:* »Sed qui spe beatus est nondum beatus est.« (XIII, 7, 10) Gibt es eine Erfahrung des Glücks diesseits seiner Vertagung in Postmortalität und intellegibles Sollen? Gibt es das ›Ende von Zeit‹ in ihr – gleichsam als innere Bestimmung von Zeit selbst: als das schöpferisch Ursprüngliche des anhaltenden Vorübergehens des Zeitlichen (wie das durch Augustins Bestimmung der ›immer stehenden Ewigkeit, aus der alle Zeiten hervorgehen‹, in den *Confessiones* nahegelegt ist)? Das einzige, was auf die Welt des Zeitlichen, die die unumkehrbarer Sukzession ist, folgen kann – will man nicht dem Selbstwiderspruch erliegen, daß auf Zeit als Sukzession Sukzessionslosigkeit ›sukzediert‹ –, ist die Aufhebung der Sukzession des Zeitlichen, d.h. eine Aufhebung von Zeit als Sukzession. Dieses Aufgehobensein der Unumkehrbarkeit der Sukzession des Zeitlichen ist Gegenstand der Hoffnung, in der die civitas dei in dieser Weltzeit ›wandert‹. Glück wird zu einem Gegenstand der Sehnsucht, weil es erinnert ist. Gibt es dieses ›Ende von Zeit‹ im Vorübergehen des Zeitlichen, dann ist präsentische Eschatologie seine Denkfigur. Die Annahme futurischer Eschatologie ist ein selbstvergessener Ausdruck der präsentischen. In futurischer Eschatologie wird eine Nachholbarkeit desjenigen gedacht, was im ›Leben vor dem Tod‹ versäumt wurde. Läßt sich das Versäumte nicht ›nachholen‹, d.h. eignet dem Leben vor dem Tod die Dignität des Unwiederbringlichen, dann kommt es auf dieses Leben vor dem Tod an. Gibt es ein Leben vor dem Tod? Wenn, dann kommt es auf sein innerzeitliches Finden an: auf das präsentische Eschaton innerweltlicher Auferstehung, die eine ›Wiedergeburt‹ zur Unwiederbringlichkeit des eigenen Lebens in der Zeit der Geschichte ist. Diese ›Wiedergeburt‹ ist die Annahme der eigenen Endlichkeit, die der Kondeszendenz Gottes entspricht. Nur der ›beende sein Leben gut‹, der ›wiedergeboren ist, bevor es endet‹, schreibt Augustin: »nullus autem vitam, in qua natus est, bene finiet, nisi renatus, antequam finiat.« (De praesentia dei, Ep. 187, 10, 32) Die Annahme der eigenen Endlichkeit wiederholt, was in der Annahme eines futurischen Eschaton ans Ende der Zeit hinausgeschoben wird, inmitten dieser Zeit der Endlichkeit und Geschichte. Gibt es diese Erfüllung präsentischer Eschatologie – nicht im Sinne antizipierender Hoffnung, sondern dem der Antizipation des Erhofften –, so steht sie nicht nur in Differenz zu dem Denken futurischer Eschatologie. Der Schnittpunkt futurischer und präsentischer Eschatologie ist die Antizipation der Hoffnung – wenn dies nicht heißt: futurisches Sein-*Sollen*, also definitorische Nicht-Gegenwärtigkeit, sondern: *Gegenwärtigkeit* (nicht zeitliche Dauer) des Erhofften als eines Antizipierten. Das Denken futurischer Eschatologie orientiert sich an der Zeitvorstellung der Sukzession, durch die wir das Vorübergehen des Zeitlichen ordnen. Das Ende des Vorübergehens des Zeitlichen futurisch zu denken korrespondiert einer Vorstellung, die die unumkehrbare Sukzession des Zeitlichen zu einem geschichtsphilosophischen Modell macht. Sie schließt die Möglichkeit, daß Zeitliches sich – wir uns in unserer Endlichkeit – in seinem Vorübergehen auf sich selbst bezieht, aus. Sie schließt die Möglichkeit der Erinnerung aus. Erinnerungslos wird Ewigkeit zu einer dem Vorübergehen des Zeitlichen entgegengesetzten Dauer, die als Zukünftiges erwartet wird. Die Dauer des Glücks, gedacht als garantiertes Eschaton und ungefährdetes Futurum, ist in futurischer Eschatologie der Versuch, ›Zeitlosigkeit‹ nach Maßgabe der Dimensionalität von Zeit zu denken – nach Maßgabe einer Dimensionalität, mit der wir die zeitliche Geschichte des Veränderlichen ordnen. ›Zeitlosigkeit‹ wird gleichsam zu einem Appendix der Zeit des Endlichen und seinem Abgesang gemacht. Gibt es sie inmitten der Zeit? Diese Zeitlosigkeit hätte Zeit selbst und das Vorübergehen des Zeitlichen nicht zum Gegensatz. Das Vorübergehen des Zeitlichen wäre die innerste Voraussetzung jener Zeitlosigkeit – einer Ewigkeit, die nicht nach und in der nicht Zeit, sondern die in der Zeit ist. ›Transzendenz‹ ist nicht der Gegensatz zur ›Immanenz‹ des Spiels der Weltzeit. In – Augustin legt den neuzeitlichen Terminus selbst nahe – ›ästhetischer Erfahrung‹ wird ›Zeitlosigkeit inmitten der Zeit‹ erfahren. Das spielende Aufgehobensein der Unumkehrbarkeit von Zeit, das sich an einem ›Lied‹ erfahren läßt, wenn ›Erwartung‹ zu ›Erinnerung‹ wird, zeigt sich in ›jeder Handlung‹, es gilt für ›das ganze menschliche Leben und die ganze Weltzeit der Menschenleben‹. (Conf. XI, 28, 38) Als ›ästhetische Zeit‹ wird das spielende Aufgehobensein der Unumkehrbarkeit von Zeit erinnert. Es ist eine Erfahrung des ›Endes‹ von Zeit, die das Vergehen des Zeitlichen nicht zum Gegensatz, sondern zur Voraussetzung hat und in dies Vergehen ›zurückkehrt‹. ›Transzendenz‹ – innerweltliches Transzendieren – ist die innerste Bestimmung der Selbsterfahrung des Kreatürlichen. Gleichsam monadologisch bedeutet ›ästhetische Erfahrung‹ präsentische Eschatologie. In ästhetischer Erfahrung wird die Unumkehrbarkeit von ›Zeit‹ aufgehoben – nicht getilgt. Transzendenz und Immanenz gehören zusammen. Da sich ein ›ordo temporum‹ nicht wissen läßt (vgl. ebd. XI, 29, 39; 31, 41) – und somit auch nicht deren ›endgültiges‹ Eschaton –, kommt es auf das Bemerken des spielenden Aufgehobenseins der Unumkehrbarkeit geschichtlicher (Lebens-) Zeit an. Dieses Bemerken ›ästhetischer Zeit‹ ist die wirklich ›existentielle Zeit‹. Manichäisch ist ein Dualismus, der beide auf gesonderte Sphären verteilt und einander entgegensetzt.

Augustin kommt auf die Innergeschichtlichkeit des eschatologisch Erwarteten in *De civitate dei* verschiedentlich zu sprechen. Diesem Motiv präsentischer oder proleptischer Eschatologie – und damit einer letzten Konsequenz aus der Aporie des Geschichtlichen: die ›civitas dei‹ ist fremd in dieser Weltzeit, weil sie erinnert hat, was sie antizipiert – gelten die abschließenden Bemerkungen dieser Einführung, die Augustins Geschichtsdenken auf dem Hintergrund der Bestimmung schöpferischer Ewigkeit in Buch XI der *Confessiones* formulieren.

Um die Lehre von der ›steten Wiederkehr des Gleichen‹ zu widerlegen, schreibt Augustin in Buch XII von *De civitate dei*, daß ›die Philosophen dieser Welt Umläufe der Zeiten angeführt hätten, in denen immer dasselbe erneuert und wiederholt werde in der Natur der Dinge, und daß auch fernerhin die Umläufe der kommenden und vorübergehenden Zeitalter ohne Unterbrechung sich fortsetzen würden‹. Diesem kosmologischen und geschichtsphilosophischen Modell, in dem ›Ewigkeit‹ als perpetuum mobile des Immergleichen gedacht wird, hält Augustin die Einzigartigkeit der Erfahrung des Glücks entgegen. ›Im Gelangen zum Glück geschehe der Seele etwas Neues – etwas Neues in der Zeit, das kein zeitliches Ende hat‹: »fit aliquid novi in tempore, quod finem non habet temporis.« (Civ. 12, 14) Augustin hält der mythischen Vorstellung der ›ewigen Wiederkehr des Gleichen‹ nicht ein ›Ziel‹ entgegen, auf das hin Geschichte zulaufe. Augustin hält der ›ewigen Wiederkehr des Gleichen‹ – und der Einsicht von Kohelet 1, 9 ff., daß ›nichts Neues unter der Sonne geschehe‹ – Glück nicht als Ziel, sondern die Einzigartigkeit seiner Erfahrung entgegen. In der Zeit geschieht der Seele etwas Neues – immer von neuem. In der Zeit wird die Ewigkeit des Glücks als das Glück der Zeitlosigkeit erfahren. Es wird so erinnert – und, solange das Vorübergehen der Zeiten anhält, erinnert werden können –, wie es erinnert wurde. Wie es erinnert ist, wird es sich erinnern lassen. Augustin ›widerlegt‹ die Lehre von der ›ewigen Wiederkehr des Gleichen‹ nicht durch eine andere kosmologische oder geschichtsphilosophische Vorstellung. Er ›widerlegt‹ sie vielmehr durch das Insistieren darauf, daß das jeweils Neue der Erfahrung des Glücks eine zeitliche Ordnung eigener Art konstituiert. Es ist der Erfahrungsanspruch, daß sich die innergeschichtliche Lebenszeit nicht in endloser Diesselbigkeit erschöpft.

Die Erfahrung des Diskontinuierlichen im Kontinuum der Zeiten sind die Augenblicke der Ewigkeit. Auf sie braucht nicht gewartet zu werden. Die Augenblicke der

Ewigkeit – dieses Neue, was der Seele jeweils und immer wieder in der Zeit geschieht – lassen sich erinnern. ›Was geschehen wird, ist schon gemacht.‹ Das kann man als zeittheoretischen Kernsatz von Augustins Prädestinationslehre verstehen. In einer Ewigkeit ›vor aller Zeit‹ ist der Ausgang alles Zeitlichen vorherbestimmt. Alles, was sich geschichtlich ereignet, ist die zeitliche Wiederkehr dieser ewigen Prädestination. Der Zeitvorstellung nach laufen Augustins Prädestinationslehre und die Lehre von der ›ewigen Wiederkehr des Gleichen‹ auf dasselbe hinaus. Beide sind Sanktionierungen, die eine Entwertung der innerzeitlichen Existenz des Geschichtlichen bedeuten. ›Geschichte‹ erscheint als der Strafbezirk des Immergleichen. Sie wird zum Inbegriff einer ›Immanenz‹, der ›Transzendenz‹ nicht nur abgesprochen, sondern von der diese ausgeschlossen bleibt. Aber bedeutet der Satz ›Das Zukünftige ist schon gemacht‹ – »Futura iam facta sunt« (vgl. De trin. V, 16, 17) – nicht auch mehr als bloße Prädestination und ›ewige Wiederkehr‹? Läßt er sich nicht auch so verstehen, daß das ›was geschehen soll‹, schon ›vollendet ist‹? Dann ist mit ihm weder eine Zyklizität noch eine Gerichtetheit des geschichtlichen Prozesses wie individueller Existenz behauptet. Vielmehr bringt er die Unwiederbringlichkeit, die individuelle Einzigartigkeit der Lebenszeit in der Geschichte zum Ausdruck. Das Eschaton der Ewigkeit (und Ewigkeit als Eschaton) ist der Zeit der Geschichte gegenüber kein Exclusivum, sondern deren Intensivum. Wenn Ewigkeit nicht eine auf die Zeit folgende Zeit ist: dann gewinnt die Zeit der Geschichte und die Geschichte eines jeden in ihr eine ganz neue und veränderte Bedeutung. Es kommt nicht auf ein zukünftiges Eschaton, sondern auf das Leben vor dem Tod an. ›Geschichte‹ wird zum Inbegriff dieses Lebens vor dem Tod. ›Jeder Tag‹ ist ›der jüngste‹.

Jeder Tag der Geschichte ist der ›jüngste‹ (»dies novissimum«) eines rückwärtsgewandten Gerichts. Dieser ›Tag des Gerichts‹ ist der ›Tag der neuesten Zeit‹ (»novissimum tempus«). Er bedeutet jeder Vergangenheit gegenüber eine

›Endzeit‹, die diese entweder ›erlöst‹ (gerechtfertigt) oder ›unerlöst‹ sein läßt. Diese jeweils ›jüngste und neueste Zeit‹ erfüllt sich schon jetzt – und wird sich erfüllen, wie sie sich erfüllt hat: ›Denn jetzt schon richtet Gott und hat seit Beginn des menschlichen Geschlechts gerichtet‹, stellt Augustin Civ. 20, 1 fest. ›Jüngster Tag‹ ist eine Metapher für das Urteil, das wir uns selbst – in der und durch die Erinnerung – sprechen. Es sei ›eine göttliche Kraft (divina ars), die bewirkt, daß jedem seine Werke in die Erinnerung gerufen und mit dem Anblick des Geistes wahrgenommen werden, sodaß das Wissen das Gewissen entweder beschuldigt oder entschuldigt, und so sowohl alle wie jeder Einzelne verurteilt werden. Was durch das Wirken dieser göttlichen Kraft erinnert wird, wird in ihr gleichsam wie in einem Buch gelesen‹: »Quaedam igitur vis est intellegenda divina, qua fiet, ut cuique opera sua ... in memoria revocentur et mentis intuitu mira celeritate cernantur, ut accuset vel excuset scientia conscientiam atque ita simul et omnes et singuli iudicentur. Quae nimirum vis divina libri nomen accepit.« (Civ. 20, 14) Der ›jüngste Tag‹ ist immer von neuem der des Urteils der Erinnerung. Dieses Urteil – sei es des Dankes des Glücks, sei es der Erkenntnis des Unglücks, das sich selbst Strafe und Verdammung ist – ist jeweils ›das neueste und jüngste‹: in ihm sind alle vergangenen zur Gegenwart zitiert. Die ›jüngsten Tage des Erinnerns‹ sind die ›Tage des Herrn‹. Ihre Zeitform ist das Futurum der Vergangenheit. (Civ. 20, 30) Die ›zurückblickende Erinnerung muß mit der vorausblickenden Aufmerksamkeit verbunden werden‹, hält Augustin fest: ›Denn wem entfällt, was er angefangen hat, der wird nicht finden, auf welche Weise er zum Ende gelangt‹ – »Unde necesse est a memoria respiciente prospiciens conectatur intentio; nam cui exciderit, quod coeperit, quo modo finiat non inveniet.« (7, 7)

Jederzeit sind die ›jüngsten Tage‹ in der Geschichte gegenwärtig. Es sind jene ›Tage‹ (Zeitpunkte), in denen wir uns unserer Endlichkeit erinnern und uns die Endlichkeit dieses

Erinnerns selbst bewußt wird. Daß wir uns erinnernd auf uns – und sei es das Zukünftige als Futurum der Vergangenheit erinnernd – zu beziehen vermögen, bedeutet nicht, daß dadurch das Vorübergehen des Zeitlichen außer Kraft gesetzt wäre. Alles, was in der Zeit der Geschichte ist und seine Geschichte hat, ist endlich. Das Vorübergehen des Zeitlichen setzt sich fort. Es setzt sich für uns bis zu unserem Ende in der Zeit fort. Wir können in die unausweichliche und jederzeitige Möglichkeit des Todes vorlaufen. Er selbst ist als das endgültige ›Eschaton‹ jederzeit gegenwärtig.[55] Wir haben dieses Eschaton erinnert. Es kommt darauf an, aus dem Vorlaufen in die eigene Endlichkeit zurückzukommen. Die Transzendenz des ›rückwärtsgewandten jüngsten Tages‹ der Erinnerung erfüllt sich in der Rückkehr zur Innerzeitlichkeit der eigenen Endlichkeit. Dem jüngsten Tag des Erinnerns erfüllt sich die Ankunft des Herrn nicht am Ende der Zeit, sondern in der Zeit. Diese ist kein Gegenstand adventistischer Erwartung und ihre Erfüllung kein Ende von Zeit. Meint Eschatologie das Denken eines ›Endes‹ des Vorübergehens des Zeitlichen, so erfüllt sich ihr Gegenstand vor dem Ende der Zeit. In Christus wird die Menschwerdung Gottes als innerzeitliche Ankunft exemplarisch geglaubt.[56] Diese geschieht nicht bei einem ›letzten Gericht‹ an einem ›Ende der Zeit‹, auf das noch gewartet werden müßte. Diese Ankunft ist kein Existential Zukünftigkeit. Es kommt auf die Nachfolge des in Christus exemplarisch Geglaubten an. Diese Nachfolge wird zum individuellen und innergeschichtlichen Eschaton. Sie zielt gerade nicht auf eine Überwindung der Endlichkeit geschichtlichen Existierens. Sie erfüllt sich in der Annahme der (in der ›Herablassung‹ zur) eigenen Endlichkeit. Deren Geschichte – und der so verstandenen ›civitas dei‹ – ist die der Selbsttranszendenz eines jenseitig Erwarteten. Sie geschieht für Augustin ›jederzeit und kontinuierlich‹. Präsentische Eschatologie ist keine Apokalyptik. Das ›Ende dieser Weltzeit‹ ist unbekannt und läßt sich weder berechnen noch chiliastisch überspringen. Vom Chiliasmus

(Milliarismus) seiner Jugend grenzt sich Augustin Civ. 20, 7 ausdrücklich ab. ›Vieles, was über das letzte Gericht gesagt wird, erweist sich als zweideutig‹, erklärt er und fährt fort, daß es, betrachte man es genauer, mit ›etwas anderem zusammenhänge. Es bezieht sich auf jene Ankunft des Erretters, in der er durch diese ganze Zeit hindurch Stück für Stück und allmählich einkehrt‹: »Multa ..., quae de ultimo iudicio ita dici videntur, ut diligenter considerata reperiantur ambigua vel magis ad aliud pertinentia, sive scilicet ad eum Salvatoris adventum, quo per totum hoc tempus ... particulatim atque paulatim (venit).« (20, 5)

Was als Heilsgeschehen gedacht wird, erfüllt sich diesseits der Vorstellungen, die von ihm als einem zukünftig Ausstehenden gebildet werden. Die wahrhafte Transzendenz über das Vorübergehen des Zeitlichen im Bereich der Geschichte erweist sich als Transzendenz zu dieser Weltzeit in ihrer vorläufigen Endlichkeit zurück. Die Rede vom ›jüngsten Tag‹ und vom ›letzten Gericht‹ sind Metaphern dieser ›Transzendenz der Transzendenz‹. Geschichte als der Inbegriff des Daseins in der Zeit ist das Worin und die jeweils individuell begrenzte Spanne Zeit für diese Auferstehung zur Endlichkeit. Der Sinn von Eschatologie ist ihre individuelle Erfüllung. Jeder Tag ist gleichsam der jüngste der Notwendigkeit intramundaner Resurrektion.

Im Schluß von *De civitate dei* (22, 30) hat Augustin die verschiedenen Aspekte des Eschatologischen miteinander verwoben. Augustins Denken des Endes dieser Geschichtszeit ist prima vista eindeutig futurisch orientiert. Das Aufhören der Sukzession des Zeitlichen, der Endlichkeit der Geschichte, ist nach der Zeit der Geschichte als ›aeternitas futura‹ zu erwarten. Wiederum und gewissermaßen endgültig scheint ein Geschichtsmodell vorgestellt zu werden, das ›gerichtet‹ ist und die ›Heilsgeschichte‹ als Ziel und außerzeitlichen Zweck der Geschichte denkt. Mit der Geburt Christi habe das sechste Weltalter begonnen – auf das das ›siebte‹ der Ruhe und das ›achte‹ der Ewigkeit folgen. Doch enthält dieses lineare, den Fortschritt zur Heilsgeschichte gleichsam durch die ununterbrochene Sukzession von Zeit garantiert denkende Weltaltermodell eine Revision in seinem Innersten dadurch, daß es von dem ›sechsten‹ heißt: ›es geschieht jetzt und ist durch keine Zahl der Geschlechter zu bemessen‹ – »Sexta nunc agitur nullo generationum numero metienda«. (22, 30) Es ist kein ›Ziel‹ der Geschichte in einem zeitlichen Sinn, sondern ein ›Ende‹, in dem sie sich erfüllt. Es sind unendlich viele Enden, solange die Geschichte des menschlichen Geschlechts andauert. Was ist mit dem ›siebten‹ und ›achten‹ Tag, wenn beide nicht auf die Zeit folgen?

Die Schlußsequenz von Civ. 22, 30 wird vom ›Vacate et videte quoniam Deus sum‹ aus Ps. 46 wie von einem Leitmotiv durchzogen. Sehe ich recht, so besteht die Schlußsequenz von *De civitate dei* aus nichts anderem als der erläuternden Variation von Ps. 46, 11. Zu dieser Variation des »Vacate et videte quoniam Deus sum« kommt das Motiv vom ›siebten Tag, der wir sein werden‹, hinzu.[57] Es ist – in innerzeitlicher Eschatologie – der ›Tag‹ der Aufhebung von Chronologie. Nur chronologisch verstanden ist dieser siebte Tag das Ziel eines Fortschritts der Geschichte – eines ›Fortschritts‹, der erst eingetreten ist, hat Geschichte für uns aufgehört. Der ›siebte Tag‹ ist derjenige, in dem sich der ›erste‹ des Ursprungs ›zum siebten Mal wiederholt‹. (11, 31) Im ›siebten Tag‹ kommt das andauernde Fortschreiten der ›sechs Tage der Schöpfung und Geschichte‹ zur ›Ruhe‹. Diese Ruhe ist das Sich-Entsinnen der creatura, die aus einem Ursprung hervorgehend (hervorgegangen und hervorgehen werdend) sich denkt – die in der eigenen Endlichkeit deren Grund erkennt. Es ist der ›Tag der Erinnerung‹, daß dies ›Entspringen‹, Hervorgehen das Ursprüngliche selbst ist. Die ›Ruhe‹ des ›siebten Tages‹ ist selbst nicht mehr ›creatura‹. (11, 31) Sie steht nicht in der Reihe des Fortschreitens (Vorübergehens) des kreatürlich Erscheinenden. Sie ist ein Zurückkommen des kreatürlich Erscheinenden (Vorübergehenden) auf sich selbst. Auf das Vergehen des Endlichen zurückkommend – uns seiner zeitlichen Bedingungen entsinnend – werden wir aufmerksam darauf, daß das Vergehen des in der Zeit Erscheinenden die Erscheinung schöpferischer Ewigkeit ist. Die ›Ruhe des siebten Tages ist die Ruhe Gottes in der Schöpfung‹, sagt Augustin. Es ist die Gegenwart des Zurückkommens zur eigenen Endlichkeit ›vor‹ dem Ende von Zeit. Auf den ›siebten Tag der Ruhe Gottes, an dem Gott in uns ruht, indem wir in seiner Ruhe ruhen‹, richtet sich das »Vacate et videte« von Ps. 46: ›Werdet leer und still und seht‹. Der ›Leere und Stille‹ bedarf, Gott zu erkennen. Das ›Leerwerden‹ ist ein Postulat der Aufgeschlossenheit und Aufmerksamkeit wirklichen Sich-Entsinnens. Es ist das Postulat der ›Kenosis‹ von Phil. 2, 7. Das »Vacate et videte« erfüllt sich und wird Aufgeschlossenheit in der Entäußerung des Strebens nach ›Leere‹ selbst.

Die Aufgeschlossenheit zur Entäußerung ist ein ›Zur-Stille-Kommen‹. Ebensowenig wie die ›Leere‹ ein Gegenstand ist (ein Eschaton gedacht als Ziel einer Tätigkeit), hat die Stille einen eigenen, gewissermaßen aparten ›Ton‹. Das ›silentium‹ hat keinen Ton. (Civ. 12, 7) Es ist im Tönen – für das das Vorübergehen in der Zeit konstitutiv ist – zu hören. (Civ. 10, 13) Das ›Leerwerden‹ ist ein ›Kommen-zur-Stille‹, die kein Ende von Zeit, sondern an allem, was in der Zeit vorübergeht, ist. Das ›Vacate‹ ist eine Entäußerung zur Stille der im Wort schöpferischen Ewigkeit Gottes. Diese Stille ist Entsprechung der Leere, die an allem und um alles ist – jene Leere des Grunds, vor dem das, was in der Zeit erscheint, seine Gestalt und Form (species) erlangt: sich konturiert und damit jenem Grund Kontur gibt. Die schöpferische Ewigkeit Gottes ist im Augenblick der Leere und Stille. Das Erkennen (Ersehen, Erhören) dieser Leere und Stille ist Erkennen Gottes. Nur wenn unsere Augen leer sind, vermögen sie zu sehen. Die ›Sprache Gottes‹ bedient sich der ›Redekunst der Dinge‹. (11, 8) Diese ›Redekunst der Dinge‹ ist die ›Gestalt ihrer Veränderlichkeit‹, die stumm ist. (11, 4) In der stillschweigenden Redekunst der Dinge – der ›Geschichte‹, die sie sind und die sie ›sagen‹, d.h. stumm bedeuten – zeigt sich das Wort Gottes schöpferisch. Gott ist im Wort schöpferisch. Dieses schöpferische Wort ist stumm. Das ist die Geschichte der Natur und die Natur der Geschichte. Sie will erhört werden. Das ›Vacate‹ ist die Aufgeschlossenheit zu dieser Stille. Das stillschweigende Wort der schöpferischen Ewigkeit Gottes bedarf der Sprache. Es ist die Stille, die immer von neuem übersetzt werden muß. Was diese Stille übersetzt, *ist* umgekehrt ›Sprache‹.

›Seid still und werdet leer und seht, daß ich Gott bin.‹ Dies Leerwerden zur Stille wie das sehende Erkennen sind keine futurischen Gegenstände. Es sind innerzeitlich zu wiederholende Akte der Aufmerksamkeit. Durch sie hindurch vollzieht sich für uns in der Zeit der Geschichte das Erkennen Gottes. In Buch IX der *Confessiones* stellt Augustin den entscheidenden Umkehrpunkt in seiner Biographie – die Aufgabe des erlernten Berufs eines Rhetors, den er auf dem ›Markt der Geschwätzigkeit‹ ausgeübt hatte – unter das Motto des »Vacate et videte« von Ps. 46, 11. Das Leerwerden zur Stille erfüllt sich ›vorendzeitlich‹ und innergeschichtlich. Das »Vacate et videte« ist gleichsam die Methode präsentischer Eschatologie. Die ›Stille‹ des Leerwerdens ist der ›siebte Tag‹ der Ruhe Gottes. In ihm ist gegenwärtig, was der Hoffnung zum Eschaton eines Aufhörens von Geschichte wird. Das »Vacate et videte« ist dessen ›vorendzeitliche‹ Wirklichkeit: Präsenz des als Eschaton Gedachten. Es ist der ›siebte Tag‹, in dem das Vorübergehen des Zeitlichen in diesem Vorübergehen selbst, dessen Name Geschichte ist und das wir als Geschichte erzählen, aufhört. Wir bemerken, daß als Geschichte sein Vorübergehen anhält. Plötzlich nehmen wir das in der Zeit der Geschichte Erscheinende in seiner Individualität, d.h. Einzigartigkeit und Unwiederbringlichkeit, die vorübergeht, wahr. Eben darin zeigt sich innergeschichtlich in allem, was wir als schöpferische Ewigkeit ursprünglich denken. ›Gottes voll werden wir dann sein, wenn er selbst alles in allem sein wird‹, zitiert Augustin die eschatologische Erwartung von 1. Kor. 15, 28 mehrfach. Der siebte Tag ist der ›Rückblick des Erinnerns‹, der im Vorausblick auf die Geschichte, die das Lebendige in der Zeit hat, dieses Individuelle und seinen Ursprung wiederholt. Es ist das erinnernde Sich-Entsinnen auf die durchgängige Beziehung, durch die eine jede Geschichte von diesem Ursprung zeugt. Die ›Ruhe‹ dieses ›Sehens Gottes‹ ist die Ruhe unseres Sehens Gottes. Es ist *›visio dei‹* in Form der *›visio rei‹:* ein Erblicken des Sehens Gottes im Augenblick der Dinge. ›Werdet leer und seht, daß ich Gott bin‹. Das ist nicht nur jener siebte Tag, der ›wir am Ende der Zeit sein werden‹. Dort wird der Hoffnung nach ›vollendet‹, was jetzt den vorübergehenden Charakter präsentischer Eschatologie hat – ›dort‹ denkt Augustin die Zeitlosigkeit einer Dauer, die keines Erinnerns mehr bedarf. Das ›werdet leer und seht, daß ich Gott bin‹, richtet sich nicht nur auf dies Futurum, das keine Geschichte mehr kennt. Es ist auch und gerade der ›siebte Tag‹ sich erfüllender Zeit in dieser selbst. In ihm ›endet‹ das unaufhörliche Vorübergehen des Zeitlichen für uns – vorübergehend – schon in der Zeit. Es sind die Augenblicke erfüllter Zeit, in denen Zeit selbst sich ›wendet‹.

›Nach‹ dem unbekannten Ende dieser Weltzeit – nach dem unbekannten Ende eines jeden Lebenszeitspielraums – folgt der ›siebte Tag der Ruhe Gottes‹. Futurisch gedacht folgt er auf die in die Zukunft wie von der Zukunft her ›offene‹ Geschichte. Es ist ein der Formulierung nach – und hält man sich an die Vorstellung, daß ›Zeit‹ unumkehrbare Sukzession ist – zukünftiges Eschaton. Dieser ›siebte Tag werden wir selber sein‹: »Dies septimus nos ipsi erimus.« (22, 30) Wohl am Ende der Zeit und im Aufhören von Geschichte und mit dem Beginn eines ›neuen Himmels und einer neuen Erde‹. Das ist seine futurische Bedeutung und visionärer Glauben. Aber der ›siebte Tag‹ ist der ›sich wiederholende erste‹. Wir haben ihn erinnert. Trotz des Unglücks selbstverursachter Verschuldung, dessen Geschichte ›Geschichte‹ ist, haben wir nicht den ›Wunsch zur Glückseligkeit‹ (»voluntas felicitatis«) verloren. Die Not des Geschichtlichen ist noch nicht das Urteil, das sich selbst zum Unglück verdammt. Wie die Geschichte des Unglücks gibt es die Erinnerung des Glücks.[58] Aus beidem setzt sich, was wir als Geschichte zu erzählen haben, zusammen.

Die Konstruktion einer Dauer des Glücks in einem zeitentrückten Jenseits der Geschichte ist ein ebenso schlechter Trost, wie der Glaube an die endlose Wiederkehr des Immergleichen Resignation bedeutet. Glaube wie Resignation sind Formen futurischer Eschatologie. Die Flucht aus der Zeit sowohl wie die Flucht in Zeitlosigkeit sind ›mehr Trost des Elends denn Freude des Glücks‹. Dem Glauben verschiebt sich das Eschaton des Glücks in die Zukunft, die Resignation zieht sich aus diesem Glauben zurück und denkt das Futurum ohne Eschaton. Präsentische Eschatologie ist die Denkform der Gegenwärtigkeit dieses Zukünftigen. Die Augenblicke sich wendender Zeit führen aus der Zeit der Geschichte nicht hinaus. Sie befreien von deren Notwendigkeit nicht. Aber sie lassen sich erinnern und erzählen und gegebenenfalls wiederholen. Ihre Geschichte ist die innerweltlichen Transzendierens. Augustin erzählt sie als Geschichte der ›civitas dei‹ und verbindet sie mit der Vorstellung einer geschichtsentrückten Transzendenz. Daran dürfte wahr sein, daß wirklicher Fortschritt in der Geschichte einzig darin besteht, daß seine Notwendigkeit aufgehört hat.[59] Nicht zuletzt das ist eine der Aporien des Geschichtlichen, die Augustin mit *De civitate dei* gewiß nicht löst – aber benennt und jeder Gegenwart zur Selbstprüfung anheimstellt.

6. Stichworte zur Fortwirkung

Die Originalität von Augustins Denken gründet darin, daß in ihm ein ›Epochenschnitt‹ seine Sprache findet. Es führt die Brüche, Widersprüche und Scheinsynthesen vor Augen, die der Geschichte unseres Denkens zugrundeliegen – und in ihm nach wie vor präsent sind. Als Ausdruck einer Epochenschwelle markiert es die Unruhe, in der die Erklärungsmächtigkeit tradierter Deutungsmuster und (spätantiker) Philosopheme zugrunde ging. Sie taugten nicht mehr zur Beruhigung. Dieser Originalität widerspricht die durch Augustin gleichfalls tradierte und vielleicht sogar stärker traditionsmächtig gewordene strikte Autoritätsgläubigkeit.[60] Letztere ist Ausdruck und Konsequenz der Verhärtungen in seinem Denken, die den ›Tagespolitiker‹ Augustin einen leidlich dunklen Schatten haben werfen lassen – so, wenn der späte Augustin sein frühes Lob der Gewaltlosigkeit kassiert und der Wundergläubigkeit, die er an den vorchristlichen Kulten kritisiert hatte, wieder das Wort redet.[61]

Bei den folgenden Stichworten zur Fortwirkung gilt das Augenmerk nicht den ›traditionellen‹ Themen, die sich mit Augustin verbinden – seiner ›Illuminationstheorie‹ etwa, die in die Tradition der Lichtmetaphysik gehört und (um nur wenige Namen zu nennen) über Bonaventura, Grosseteste und Meister Eckhart bis zu Nikolaus von Kues ein Leitmotiv mittelalterlichen Denkens bleibt – oder der Gnaden- und Prädestinationslehre mit ihrer vielfältigen Rezeption nicht zuletzt z.B. bei Luther. Hingewiesen werden soll vielmehr auf Denkanstöße und Denkmodelle, die Augustins Werk durchgängig zum Anlaß haben werden lassen, ›mit Augustin über Augustin hinauszugehen‹. Ich beschränke mich dabei auf Aspekte der mittelalterlichen Rezeption und Fortentwicklung augustinischer Denkmotive. Auf den Widerhall seines Denkens bei Kierkegaard oder Nietzsche einzugehen – der unter dem Manifest augustinischen Motiv erfolgt, daß ›der Philosophie zu spotten (moquer de la philosophie) wahrhaft zu philosophieren heißt (c'est vrai philosopher)‹ (Pascal) –, würde den Rahmen dieser Einführung sprengen.

Von Augustins Werk her tradiert sich – und das ist gerade wegen der erwähnten Verhärtungen und manchem Zug zur Intoleranz zu betonen – ein gleichsam methodisches Postulat der ›Rationalität‹. Es ist eine ›anti-arationale‹, sozusagen aufklärerische Haltung. Der ›Sache nach‹ hat die *ratio* den Vorrang. (Vgl. De ord. II, 9, 26; De lib. arb. I, 4, 10; II, 2, 5; De vera rel. 24, 45) An diesem ›Rationalitätspostulat‹ wird Augustin – zumindest, was seine Gotteslehre angeht – festhalten. ›Glauben‹ ist nicht ›Wissen‹: *Deshalb* hat die ratio methodische Priorität. Wo keine *scientia* ist, kann auf keine Weise *sapientia* sein. (Vgl. De trin. XV, 6, 10) ›Glaube‹ ist nicht Gegensatz, sondern Grund der Suche nach Einsicht. Er ist die Motivation, Einsicht zu wollen. »Fides enim non est quod creditur, sed qua creditur.« (Ebd. XIV, 8, 11) Einprägsam formuliert Augustin: ›Der Glaube sucht, die Einsicht findet‹ – »Fides quaerit, intellectus invenit.« (Ebd. XV, 2, 2) *Anselm von Canterbury* hat dieses Postulat ›aufklärerischer‹ Rationalität programmatisch übernommen. Jene Schrift, in der das ›Argument‹ entfaltet wird, das als ›ontologischer Gottesbeweis‹ Geschichte gemacht hat, sollte ursprünglich die augustinische Überschrift seiner Methode tragen: »Fides quaerens intellectum«. Anselms »sola ratione« ist ein Denkprogramm in der Tradition Augustins.[62]

Augustins Trinitätslehre ist ein nächster Denkanstoß. Der Gedanke der Trinität ist ein Beziehungsgedanke. Es ist der methodische Widerspruch einer substanzontologischen Kategorienlehre. Denken Gottes ist die trinitarische Selbstreflexion schöpferischer Beziehung. Deshalb wird ›Gott mißbräuchlich Substanz‹ genannt, heißt es in *De trinitate* (VII, 5, 10). Was als Trinität gedacht wird, ›hat‹ keine Eigenschaften (Prädikamente). Sie ›ist‹ ihre Eigenschaften. Was als Trinität (und wessen als) Trinität gedacht wird, ist schöpferische Beziehung auf sich *(»ad se«)* in der Beziehung auf Anderes *(»ad aliquid«)*. Die diesem Denken der Trinität gemäße Kategorie ist die der *Relation*. Das ›Substantielle‹ der Trinität ist Beziehung. Diese bei Augustin nahegelegte Konsequenz[63] wird *Johannes Scottus Eriugena* ziehen. Das ›Wesen‹ des Substantiellen ist ›Beziehung‹: »In ipsa vera ΟΥΣΙΑ relatio est ...«[64] Dieser trinitarische Grundgedanke gilt gerade auch für die Wahrnehmung von Natur als ›creatura‹. Was wir als Trinität denken, ist nach Augustin eine ›natura non creata, sed creatrix‹. (De trin. XIV, 12, 16; XV, 1, 1) Die (in der Zeit) erscheinende Kreatur und (Ewigkeit als) ihr schöpferischer Grund gehören zusammen. Eriugena extrapoliert diesen durch Augustin grundgelegten Gedanken. ›Natur‹ ist der Name für einen prozessualen Zusammenhang. Es ist der allgemeine Name für ›alles, was ist und was nicht ist‹.[65] ›Sein‹ und ›Werden‹ gehören zusammen. Das ›Sein‹ des ›creators‹ ist relativ zum ›Werden‹ der ›creatura‹. ›Sein‹ ist (schöpferisch) im ›Werden‹ (Vorübergehen) von Natur. Was wir schöpfungstheoretisch die ›natura creatrix‹ Gottes nennen, ist das ›Ist‹ dieses Werdens. Sie ist nichts Veränderliches, weil sie das ›ist‹ des Veränderlichen selbst ist, notiert Augustin: »non aliquo modo est, sed est est.« (Conf. XIII, 31, 46) Eriugena wird daraus die Konsequenz ziehen, die Augustin in *De civitate dei* mit einer Frage nahelegt, von deren Beantwortung er sagt, daß sie ›über seine Kräfte‹ ginge. (12, 16) Die Antwort auf die rhetorische Frage – ›Gott war also nicht, ehe er alles schuf?‹ – lautet knapp: »Non erat«.[66] Was wir als Ewigkeit erinnern, ist nicht vor oder außer der Zeit schöpferisch, sondern in ihr. Sie erscheint schöpferisch, indem das Vorübergehen des Veränderlichen anhält. Denken der Trinität ist Selbstreflexion dieser Beziehung.[67]

Es ist ein Denken dieser Beziehungshaftigkeit nicht zuletzt in der Reflexion der Sprachlichkeit des Geistes. Augustins Überlegungen zum ›inneren Wort‹ (vgl. Kap. 4.3) stehen im Zentrum seiner Trinitätsspekulation und begründen die vom Prolog des Johannesevangeliums ausgehende ›Logosmetaphysik‹. Sprache ist ›Übersetzung‹ und ihr Prinzip ›Entsprechung‹. Sie ist Übersetzung des Anspruchs desjenigen, was wir als schöpferisches Gotteswort – als ›das Wort, das im Anfang war‹ – denken. ›Sprache‹ ist Übersetzung und Entsprechung einer Sprachlichkeit, als die das schöpferische Wort Gottes ›ausgesprochen‹ oder – wie es bei *Johannes Tauler* heißen wird – ›ausgeschwiegen‹ ist.[68] Es ist die ›Redekunst der Dinge‹, die sich uns stillschweigend bedeuten (vgl. Civ. 11, 4; 11, 18) und der Übersetzung bedürfen. In diesem Verständnis von Sprache als Entsprechung und Übersetzung begründet sich die abendländische Tradition des Denkens der Sprache. Sie setzt sich von Augustin über Meister Eckhart, Nikolaus v. Kues, Jacob Böhme, J.G. Hamann bis ins 20. Jahrhundert – zu W. Benjamin etwa oder M. Heidegger – fort. Aber nicht nur im Sinne sich selbst säkularisierender Logosmetaphysik markiert Augustin in der Geschichte des Denkens der Sprache einen Epochenschnitt. Augustin ›entdeckt‹ auch, daß Sprache kein – der ›Sprache‹ eigentlich gar nicht bedürfender – Austausch von Formeln ist. Er entdeckt den ›Zeichencharakter‹ von Sprache. Mit (oder ›in‹) den Zeichen der Sprache verfügen wir über keine (außer- oder idealsprachlich etwa gegebenen) ›Bedeutungen‹. Vielmehr gelingt ›Verstehen‹ dann, wenn uns Zeichen (z.B. sprachlicher Art) bedeutsam (sinnvoll) werden. Sprache ist nicht Informationsaustausch, sondern – für Sprecher und Hörer – ›Medium‹ von Erinnerungsarbeit. ›Verstehen‹ heißt, daß wir zu verstehen suchen, was uns Zeichen jeweils ›bedeuten‹, d.h. ›zu verstehen geben‹.

Das Denken der Trinität ist der ›Funken der Vernunft‹ in uns, der uns dies Denken als ›Bild Gottes‹ erinnern oder begreifen läßt. ›Zwischen‹ der Trinität, die wir als Gott denken und als schöpferische Ewigkeit erinnern, und dem Denken der Trinität ist nur dies Denken selbst. Es ist die »scintilla rationis in qua factus est (homo) ad imaginem dei«. (Civ. 22, 24) *Meister Eckhart* greift dieses augustinische Denkmotiv nicht nur mit der Übersetzung »vünkelin der vernünfticheit« für »scintilla rationis« auf.[69] In der Predigt »Intravit Jesus in quoddam castellum« heißt es, daß dies »vünkelin« so ›ledig und frei‹ ist, ›wie Gott ledig und frei in sich selbst ist‹. Die ›scintilla rationis‹, durch die wir zum Bild Gottes geschaffen uns denken, ist der Grund des Denkens Gottes. Im Genitiv ›Denken Gottes‹ ist Gott Objekt und Subjekt. ›Gott ist die Vernunft, die im Erkennen ihrer selbst lebt‹, d.h. ›im Erkennen seiner selbst sich selbst in sich selbst erkennt.‹ Denken der Trinität ist die Reflexion der konkreten Einheit von göttlicher und menschlicher Natur. Es reflektiert die in der Zeit schöpferische Ewigkeit. Die in der Zeit schöpferische Ewigkeit bekennt Augustin in Buch I und XI der *Confessiones* als das ›Heute Gottes‹. Eckhart greift dies – der Erklärung des »in principio« von Gen. 1 wegen – im ›Prologus generalis‹ zum ›Opus tripartitum‹ auf: »Was im Ursprung ist und wessen Ende Ursprung ist, entsteht immer, wird immer geboren und ist immer geboren. Deshalb sagt Augustin Buch I der *Confessiones:* »alles, was von gestern und noch früher her ist, machst du heute, heute hast du dies gemacht«. Er hat also alles im Ursprung gemacht, weil in sich selbst, dem Ursprung.«[70] Das ›Heute Gottes‹ ist der Ursprung des Zeitlichen selbst. Es ist dasjenige, was in der Zeit ›ewig wiederkehrt‹. Es ist das schöpferisch Ursprüngliche im Vorübergehen von Zeit. Aus der Erinnerung dieses ewig wiederkehrenden ›Heute Gottes‹ konstituiert sich für uns ›Zeit‹. Zeit ist das reale Vorübergehen alles Zeitlichen und sie ›ist‹ (für uns), indem wir dieses Vorübergehen des Zeitlichen wie unser eigenes Vorübergehen bemerken. Eckhart faßt dieses eine Resultat von Augustins Analyse des Verhältnisses von Ewigkeit und Zeit in der ersten Pariser Quaestio lapidar zusammen: »Wahrheit gehört zum Intellekt, da sie Beziehung einschließt. Die Beziehung aber hat ihr ganzes Sein von der Seele, und als solche ist sie eine reale Kategorie wie die Zeit; obwohl diese ihr Sein von der Seele hat, ist sie trotzdem eine reale Kategorie.«[71] Die Augenblicke des Ursprungs von Zeit sind die der Ewigkeit. Sie sind das ›Heute Gottes‹. Die Augenblicke, in denen das schöpferisch Ursprüngliche von Zeit selbst erblickt wird, sind die der ›Gottesgeburt‹. Diese geschieht in der ›abgründigeren Tiefe unserer Erinnerung‹ – der, wie es bei Augustin heißt, »abstrusior profunditas memoriae« (De trin. XV, 21, 40) bzw. dem ›Abgrund des Geistes‹ (»abditum mentis«). (Ebd. XIV, 7, 9) Dieser ›Seelengrund im Gemüt‹, das »vünkelin der vernünfticheit«, ist nichts A- oder Supra-Rationales, sondern – sit venia verbo – intrarational. In den Augenblicken der Gottesgeburt erfüllt sich Zeit. In ihnen erscheint, was in der Zeit ist, in der Ursprünglichkeit seiner kreativen Gegenwärtigkeit, die transitorisch und in jedem Augenblick zu erblicken ist. Es ist ein Erblicken jener schöpferischen Ursprünglichkeit, die wir im Denken als den ›Funken der Vernunft‹ zu erinnern vermögen. Diesen ›Grund‹ – oder ›Abgrund‹ – des ›Gemüts‹ als den Grund des Denkens immer von neuem zu erkennen, »ist *eine* Geburt: so oft sie (= die Seele, JK) wiedergeboren wird in Gott, so oft gebiert der Vater seinen Sohn in sie.«[72] In der Predigt über »Quasi stella matutina« erläutert Eckhart: »Nehme ich ... das *Nun,* so begreift das alle Zeit in sich. Das Nun, in dem Gott die Welt erschuf, das ist dieser Zeit so nahe wie das Nun, in dem ich jetzt spreche, und der jüngste Tag ist diesem Nun so nahe wie der Tag, der gestern war.«[73] Der ›jüngste Tag‹ (»dies novissimum«: Civ. 20, 1) ist ›heute (»hodie«). (Conf. I, 6, 10) Es ist das ›Heute der Ewigkeit Gottes‹ (ebd.. XI, 13, 16), das jeweils jetzt vorübergeht und zu erinnern ist. Das ›Heute der Ewigkeit Gottes‹ ist der ›jüngste Tag der Erinnerung‹.[74]

Es bedeutet ein Zurückkommen zur eigenen Endlichkeit und fordert *keine* Gelassenheit, die im ›Lassen von allem‹ sich gleichsam immer mehr entzeitlichte, sondern eine ›Gelassenheit zu allem‹. Dieses augustinische Denkmotiv der (Kon)deszendenz und Reszendenz hat *Johannes Tauler* mit aller Entschiedenheit betont. Sie deutet auf keine ›Erlösung‹ von Zeit und Endlichkeit, sondern ist die Denkform dafür, daß es auf jeden Augenblick in der Zeit ankommt. ›Ich muß aus Not »hodie« – das ist ewig: »hodie« – sein in deinem Haus‹, übersetzt Tauler Luk. 19, 5. Vom ›Lassen‹ sagt Tauler in der Predigt über »Repleti sunt omnes spiritu sancti«, daß es bei der ›Gelassenheit‹ vor allem darauf ankommt, das ›Lassen(wollen)‹ selbst und vor allem zu lassen. ›Gelassenheit‹ ist ein ›Lassen des Lassens.‹ Sie fordert keinen ›Aufstieg‹ (über alle Kreatur und Zeit hinaus), sondern erfüllt sich in der Annahme der eigenen Endlichkeit: in ›vorendzeitlicher‹, intramundaner Auferstehung zu dieser Endlichkeit. ›Niemand solle sich seines ewigen Lebens wegen in Zweifel lassen‹, sagt Tauler in der Predigt »Qui mihi ministrat« und fährt fort: ›was man jetzt versäumt, wird einem nie mehr zuteil, was wir jetzt versäumen, das haben wir für immer versäumt‹.[75] Es kommt auf das Leben vor dem Tod an. Dieses Postulat der Deszendenz findet sich als augustinisches Denkmotiv – »Descendite« heißt es in den *Confessiones* (IV, 12, 19) – ebenso wie die Lehre von der ›Kenose‹ (am Schluß der Geschichtsbetrachtung in *De civitate dei).* Es ist das Postulat des »Werdet leer und seht, daß ich Gott bin«. ›Kenosis‹ erweist sich als Kunst des Transzendierens ins Diesseits, die alltäglich wiederholt werden will. ›Soll mein Auge die Bilder an der Wand oder sonst etwas sehen, so muß es in sich ledig aller Bilder sein, ... also: welches Ding immer aufnehmen soll, das muß jeglichen Dinges leer, ledig und los sein«, formuliert Tauler unter Berufung auf Augustin.[76] Transzendenz ins Diesseits ist die Kunst der ›Gelassenheit in der Ungelassenheit‹, die es zu üben gilt, solange wir ›in der Zeit‹ sind. Es ist eine nicht ›lese-‹, sondern ›lebemeisterliche‹ Kunst.[77]

Die Kunst der Transzendenz ins Diesseits ist der Grund der ›Schönheit‹ – das, was Schönheit im Grunde ist. Die Augenblicke der Ewigkeit wollen – im Hinblick auf das Sehen formuliert – erblickt, sie wollen – denkt man an das Hören – erhört werden. ›Die durch deinen Geist sehen, was in der Zeit erscheint, in denen bist du es, der sieht‹. (Conf. XIII, 31, 46) Die Rede vom ›zeitlichen Sehen Gottes‹ bedeutet, daß es gedacht wird als das Gesehenwerden und Kennengelerntwerden ›Machende‹: »ad tempus videre et cognoscere dicitur, quod videri et cognosci facit«. (Civ. 16, 5) *Eckhart* folgert daraus: »Das Auge, in dem ich Gott sehe, das ist dasselbe Auge, darin sich Gott sieht; mein Auge und Gottes Auge, das ist *ein* Auge und *ein* Sehen und *ein* Erkennen und *ein* Leben.«[78] Das ›Sehen Gottes‹ sind die Augenblicke, in denen ›Sehen‹ und ›Gesehenwerden‹ koinzidieren, heißt es bei *Nikolaus von Kues,* der Augustins Formel der »docta ignorantia«, des ›wissenden Nichtwissens‹, programmatisch übernommen hat: »Nam ibi es, ubi ... videre coincidit cum videri et audire cum audiri ...«[79] Diese ›visio dei‹ im Sinne des genitivus obiectivus und subiectivus ist die Kunst – und Gunst – des Glücks, das Augustin, wie erwähnt, der ›einzige Grund des Philosophierens‹ ist. (Vgl. Civ. 19, 1; Conf. X, 20, 29-26, 37)

Die immer von neuem zu findenden und doch so alten Augenblicke der »pulchritudo tam antiqua et tam nova« lassen sich erinnern. Die erinnerten und sich wiederholen wollenden Winke des Glücks sind keine ›Erlösung‹ von Zeit. Das ›Glück‹ der Aufhebung von Zeit ist transitorisch. Es ist im Innersten zeitlich. Dies läßt sich als Gegenstand theoretischer Einsicht formulieren ebenso wie die Einsicht, daß es selbst kein Gegenstand theoretischer Konstruktionen mehr ist. »Wir fühlen, daß, selbst wenn alle *möglichen* wissenschaftlichen Fragen beantwortet sind, unsere Lebensprobleme noch gar nicht berührt sind«, hat ein des ›Mystizismus‹

unverdächtiger ›Mystiker des Taghellen‹ formuliert.[80] Diese Einsicht ist ein, wie mir scheint, zutiefst augustinisches Denkmotiv. Mit ihm soll die Einführung in sein Denken schließen.

Anmerkungen

1 Zum geschichtlichen Kontext vgl. F.G. Maier, *Die Verwandlung der Mittelmeerwelt,* Frankfurt/M. 1968. Zum ideengeschichtlichen Hintergrund vgl. E.R. Dodds, *Heiden und Christen in einem Zeitalter der Angst,* Frankfurt/M. 1985. Zur Biographie Augustins vgl. P. Brown, *Augustinus von Hippo,* München 1973.

2 Die Erkenntnis des Augenblicks der Schönheit erweist sich als ein Denken der Erinnerung. Sie ist als Erkenntnis der Ewigkeit in der Zeit Erkenntnis und Erinnerung Gottes. Vgl. vom Verfasser, *PULCHRITUDO – Vom Erkennen Gottes bei Augustin. Bemerkungen zu den Büchern IX, X und XI der Confessiones,* München 1995.

3 Zu den traditionellen Themen des ›Augustinismus‹ und seiner Wirkungsgeschichte vgl. Art. »Augustin/Augustinismus«, in: G. Krause/G. Müller et al., *Theologische Realenzyklopädie IV,* Berlin/New York 1979, S. 646-723.

4 Der späte Augustin wird mit dem den manichäischen Prinzipiendualismus überwindenden Theorem von der Willensfreiheit große Schwierigkeiten haben: Vgl. Retract. I, 13, 5. Die Überwindung des Manichäismus bleibt eine kurze Phase nichtdualistischen Denkens in seinem Werk. Es kehrt in der Prädestinationslehre mit aller Macht wieder.

5 Der Bezug zum Descartschen ›Cogito ergo sum‹ liegt auf der Hand und ist auch immer wieder hergestellt worden.

6 Augustin vergleicht die Erscheinung der ›divina ars‹ mit der Dichtkunst – denkt also bei ›ars‹ nicht nur an (kunst-)handwerkliche Fertigkeiten, sondern auch an die Kunst der Verskunst als Paradigma von ›Schöpfung‹ (vgl. De vera rel. 22, 42).

7 Diese antimanichäische – auf Gen. 1, 4-31 zurückgehende – These nicht der Affirmation, sondern der Bejahung des kreatürlich Erscheinenden durchzieht Augustins Werk von Anfang bis Ende. Vgl. De vera rel. 11, 21; De diversis quaest. LXXXIII, q. 21/24; De trin. XI, 5, 8; Civ. 10, 14; 12, 5; Retract. II, 9.

8 Augustin nennt diejenigen, die sich ›vom Leben ab- und dem Tod zuneigen‹, »nihili homines«. Vgl. De vera rel. 11, 20. Das dürfte der Ursprungsort des Terminus ›*Nihilisten*‹ sein.

9 Der junge Augustin nahm Platons Mythos der Präexistenz der Seele (vgl. *Menon* 81e-86c, *Phaidon* 72c-77b, *Phaidros* 248e-249c) buchstäblich. Vgl. Soliloquia 2, 35; Ep. 7; De quantitate animae 20, 34; Retract. I, 4, 4; 8, 2.

10 Vgl. *Kritik der reinen Vernunft,* Vom Schematismus der reinen Verstandesbegriffe; *Kritik der Urteilskraft,* § 17.

11 Zum Terminus ›Logik des Terrors‹ vgl. Augustin selbst (Conf. XI, 2, 2; XII, 25, 34). Zur biographischen Krise vgl. Brown (Anm. 1), S. 126-183.

12 Vgl. K. Flasch, in: *Logik des Schreckens. Augustinus von Hippo: Die Gnadenlehre von 397 (De diversis quaestionibus ad Simplicianum I2).* Lat.-Deutsch, hrsg. u. erkl. v. K. Flasch, Mainz 1990, S. 262.

13 »Augustin wurde nach 400 zum Klassiker der christlichen Intoleranz.« Ebenda, S. 119.

14 »Plotinus never gossiped with the One«. E.R. Dodds, Augustine's Confessions. A Study of spiritual Maladjustment, in: *Hibbert Journal* 26, 1927/28, S. 471.

15 Gerade die *Confessiones* enthalten als ›Preisbekenntnis der Gnade‹ mehrfach die literarische Rekonstruktion der ›Berührung des Göttlichen‹, der Augenblicke der Selbsteinsicht (vgl. z.B. IV, 12, 16; VII, 10, 16; 17, 23; IX, 10, 24-26; X, 40, 65; XI, 13, 16).

16 Sehe ich recht, so ist das »Id ipsum« von Ps. 4, 9 und 121, 3 der entscheidende ›Gottesname‹ bei Augustin: »*Id ipsum* ... deus est ...« De trin. III, 2, 8. Vgl. auch Conf. IX, 4, 11; En. in Ps. 121, 5.

17 »(Deus) tecum est talis, qualis fueris. Bonus, si bonus fueris; et malus tibi videbitur, si malus fueris ... Ibi habes iudicem in secreto tuo ... ille corde tuo interior est. Quocumque ergo fugeris, ibi est. Teipsum quo fugies? Nonne quocumque fugeris, te sequeris? Quando autem et te ipso interior est, non est quo fugias a Deo irato, nisi ad Deum placatum: prorsus non est quo fugias.« En. in Ps. 74, 9, CCL 39, Turnhout 1956, S. 1031.

18 Augustins ›Denken der Erinnerung‹ in Buch X der *Confessiones* wie seine Analysen der Ewigkeit und Zeit in Buch XI habe ich erläutert in: *PULCHRITUDO – Vom Erkennen Gottes bei Augustin* (Anm. 2). Sowohl Kap. 3.2 wie Kap. 3.3 dieser Einführung sind Zusammenfassungen des dort Ausgeführten.

19 Augustin nennt – und tabuisiert damit – als ›Sorgen‹ die ›Begierlichkeit der Augen‹ (die »voluptas oculorum«), dann seine sexuellen Nöte, auch ›Essen und Trinken‹, schließlich die ›eitle und vorwitzige Begierde, die sich mit dem Namen Erkenntnis und Wissenschaft bemäntelt‹. ›Krankhafte Neugier‹ sei die Erforschung der außermenschlichen Natur, die als ›völlig unnützes Wissen‹ (X, 35, 55) mit dem Bann des beinahe Sündhaften belegt wird. Als letzte der Versuchungen in der Sorgestruktur des Alltags nennt Augustin die ›*superbia*‹ und die der Sprache.

20 Im Vermögen der Erinnerung gründet das Denken: »in memoria est cogitandi modus«. De trin. XI, 8, 14. ›Denken‹ (cogitare bzw. cogitatio) ist seinem Wortsinn nach ein ›Sammeln‹ (colligere) und ›Zusammenbringen‹ (cogere) von zeitlich Verschiedenem, das im Raum des Gedächtnisses ›zerstreut‹ ist. Vgl. Conf. X, 11, 18; De trin. XI, 3, 6.

21 Augustins »non oblitum« in Buch X der *Confessiones* entspricht Platos Rede von der ›Wahrheit‹ als ›aletheia‹. Vgl. *Symposion* 212a, *Phaidros* 250a-d, *Politeia* 515c.

22 Vgl. De mus. VI, 8, 20. Von diesem ›Ich weiß nicht was‹, ›Je ne sais quoi‹, sagt Augustin in einer Psalmerläuterung: ›Und nenne es, wie immer du magst, es ist nicht, wie du es nennst, es läßt sich kein geeigneter Name finden, es bleibt nicht in einem Namen‹. Vgl. En. in Ps. 35, 15.

23 Diesem Begehren fügt er in Buch XIII unter Hinweis auf Röm. I, 20 die wichtige Ergänzung hinzu, daß es darum gehe, ›die zeitliche Natur/die Natur des Zeitlichen soweit zu erforschen, als es genügt, damit durch das, was geschaffen ist, die Ewigkeit begriffen ist und erblickt wird‹: »tantum explorans temporalem naturam, quantum sufficit, ut per ea, quae facta sunt, intellecta conspiciatur aeternitas«. Conf. XIII, 21, 31 ›Der Lauf der Natur, die Flüchtigkeit der Zeiten‹ legt ›Zeugnis ab für den Schöpfer‹: »cursus frequens ... naturae, quo temporum rapacitas volvitur, ... testimonium prohibet Creatori.« En. in Ps. 118, s. 27, 1, in: CCL 40, 1756/57.

24 Von diesem Gedankending wird Kierkegaard sagen, daß es die Parodie auf das Ewige ist. Vgl. *Der Begriff Angst*, 3. Kapitel.

25 Vgl. J.F. Callahan, *Four views of time in ancient philosophy*, Cambridge/Mass. 1948.

26 L. Wittgenstein hat diesen zentralen Punkt in Augustins Frage nach der Zeit zutreffend charakterisiert: »Wir wollen etwas *verstehen*, was schon offen vor unseren Augen liegt. *Denn das* scheinen wir in irgendeinem Sinne nicht zu verstehen. Augustinus, Conf. XI/14: »quid est ergo tempus? si nemo ex me quaerat scio; si quaerenti explicare velim, nescio.« – Das, was man weiß, wenn uns niemand fragt, aber nicht mehr weiß, wenn wir es erklären sollen, ist etwas, worauf man sich *besinnen* muß. (Und offenbar etwas, worauf man sich aus irgendeinem Grunde schwer besinnt).« *Philosophische Untersuchungen I*, Nr. 89. ›Sich-Besinnen‹ ist der zeitliche Sinn der Erinnerung. Wäre ›Zeit‹ nicht vergangen, müßten wir uns auf Vergangenes nicht ›besinnen‹. Das Vermögen der Erinnerung ist der Schlüssel zum ›Rätsel der Zeit‹, dessen verborgene Lösung in der Sprache ›offen vor unseren Augen liegt‹.

27 »(N)ec tempora sunt tria, praeteritum, praesens et futurum, sed fortasse proprie dicitur: tempora sunt tria, praesens de praeteritis, praesens de praesentibus, praesens de futuris.« Conf. XI, 20, 26.

28 »Duplum temporis habet haec syllaba ad illam simplam brevem. Dicimus haec et audimus haec et intellegimur et intellegimus. Manifestissima et usitatissima sunt, et eadem rursus nimis latent et nova est inventio eorum.« Conf. XI, 22, 28.

29 »Tempus metior, scio; sed non metior futurum, quia nondum est, non metior praesens, quia nullo spatio tenditur, non metior praeteritum, quia iam non est. Quid ergo metior? An praetereuntia tempora, non praeterita? Sic enim dixeram.« Conf. XI, 26, 33.

30 Die Erinnerung ist der Grund der Zeiterfahrung. Es ist nicht zufällig, daß E. Husserl seine Analyse(n) der Zeit mit einem Hinweis auf Augustin beginnt. Vgl. *Zur Phänomenologie des inneren Zeitbewußtseins (1893-1917)*, hg. v. R. Boehm, Den Haag 1966.

31 Vgl. De trin. VII, 6, 12; IX, 1, 1; 2, 2; X, 12, 19; XII, 6, 7; XV, 26, 45. Die knappe Definition »Deus=trinitas« durchzieht Augustins ganzes Werk – vgl. z.B. De vera rel. 18, 35; Civ. XI, 26; Re-

tract. II, 15, 1. Zu Augustins Trinitätslehre vgl. M. Schmaus, *Die psychologische Trinitätslehre des heiligen Augustinus,* Münster 1927 ND 1967.

32 G.W.F. Hegel, *Vorlesungen über die Geschichte der Philosophie,* Frankfurt/M. 1971, S. 506. Das »Konkrete ist das Wahre ... Es ist die Einheit der göttlichen und menschlichen Natur.« (Vgl. ebenda, S. 493).

33 »... magna prorsus inopia humanum laborat eloquium. Dictum est tamen *tres personae* non ut illud diceretur sed ne taceretur.« De trin. V, 9, 10. »... loquendi necessitate ... haec vocabula ... opus (est)«. Ebenda VII, 4, 9.

34 Die Schriften von Marius Victorinus liegen vor in: *Marii Victorini Opera, Pars I, Opera theologica,* rec. P. Henry et P. Hadot (=CSEL 83), Wien 1971. Übersetzung in: Marius Victorinus, *Christlicher Platonismus. Die Theologischen Schriften des Marius Victorinus,* übers. v. P. Hadot u. U. Brenke, eingel. u. erl. v. P. Hadot, Zürich/Stuttgart 1967. Zu Marius Victorinus vgl. E. Benz, *Marius Victorinus und die Entwicklung der abendländischen Willensmetaphysik,* Stuttgart 1932.

35 Vgl. Marius Victorinus, *Adversus Arium* III, 7 (vgl. Anm. 34).

36 Denken der Trinität ist Erkennen Gottes im Grunde des Bewußtseins. Es ist die Erkenntnis der ›Liebe‹: »Quapropter ... videndum (est) in hac quaestione quae de trinitate nobis est et de cognoscendo deo ..., quid sit dilectio.« De trin. VIII, 7, 10. Vgl. XV, 17, 31; 19, 37. ›Durch die Liebe, die aus Gott und Gott ist, wohnt die Trinität als ganze in uns‹: »Dilectio igitur quae ex deo est et deus est ... per quam nos tota inhabitet trinitas.« De trin. XV, 18, 32. Erkennen, was Liebe ist, ist ein Erkennen, was Gott ist – das ist der Gegenstand des Denkens der Trinität und bildet den Hintergrund von Augustins Imperativ: ›Liebe und tue, was du willst‹ – »Dilige et quod vis fac...«! *In ep. Joannis ad Parth.,* in: PL 35, 2033. Vgl. auch die En. in Ps. 121, 11-12.

37 Vgl. Conf. X, 11, 18. Zu Augustins etymologischer Explikation des ›Denkens‹ als eines ›Zusammenbringens des zeithaft in der Erinnerung Zerstreuten‹ vgl. Kap. 3 (Anm. 20).

38 »Sicut ... in arcana quadam notitia sunt recondita ..., quae memoria nuncupatur.« De trin. XIV, 6, 8; »Hinc admonemur esse nobis in abdito mentis quarundam rerum quasdam notitias ...« XIV, 7, 9. Augustins Rede vom *abditum mentis* und der *scintilla rationis* ist zur Quelle der Lehre vom ›Seelengrund‹ und der

›Gottesgeburt in der Seele‹ bei Eckhart und Tauler geworden (vgl. Kap. 6).

39 »Cum igitur disserimus de natura mentis humanae, de una quadam re disserimus ... Itaque cum in ea quaerimus trinitatem, in tota quaerimus non separantes actionem rationalem in temporalibus a contemplatione aeternorum ut tertium aliquid quaeramus quo trinitas impleatur. Sed in tota natura mentis ita trinitatem reperiri opus est ut ... in una nusquam dispertita mente trinitas inveniatur.« De trin. XII, 4, 4.

40 In einem Brief nennt Augustin diese im ›wissenden Nichtwissen‹ gründende Aufgeschlossenheit *»docta ignorantia«*. Vgl. Brief an Proba, Ep. 130, in: PL 33, 505.

41 Vgl. De trin. V, 4, 5; V, 8, 9; XV, 5, 8.

42 Wittgenstein hat recht, wenn er zu dieser von Aristoteles – vgl. *De interpr.* I – ausgehenden Auffassung von Sprache bemerkt, daß es »die Vorstellung einer primitiveren Sprache als der unsern« (*Philosophische Untersuchungen,* S. 238) ist.

43 In das problemlose Funktionieren von Sprache hat Augustin selbst Zweifel gesetzt und entdeckt, daß die ›Zeichen‹ der Sprache nicht einfach sprachfreie ›Bedeutungen‹ transportieren; vgl. *De magistro,* insbes. 10, 35 ff. Vgl. T. Borsche, *Was etwas ist: Fragen nach der Wahrheit der Bedeutung bei Platon, Augustin, Nikolaus von Kues und Nietzsche,* München 1990; vom Verf., »Et ecce est ante nos«. Zur Kritik der Sprache bei Augustinus, in: T. Borsche, J. Kreuzer, H. Pape, G. Wohlfart, *Zeichen und Zeit. Schriften der Académie du Midi I,* München 1993.

44 »Nam si nos referamus ad interiorem mentis memoriam qua sui meminit, videbitur quidem imago illius trinitatis et ad solam memoriam pertinere. Sed quia ibi verbum esse sine cogitatione non potest (cogitamus enim omne quod dicimus etiam illo interiore verbo quod ad nullius gentis pertinet linguam), in tribus potius illis imago ista cognoscitur, memoria scilicet, intellegentia, voluntate.« De trin. XIV, 7, 10.

45 Marius Victorinus (Anm. 34) hat die innertrinitarischen Relationen u.a. anhand der Zusammengehörigkeit von ›silentium‹ und ›verbum‹ gedeutet. Der ›Grund des Wortes‹ ist ›beredtes Schweigen‹ (»loquens silentium«, Adversus Arium III, 10). Schweigen und Reden (»silentium et effatum«) gehören zusammen. Sie verhalten sich wie ›Vater und Sohn‹ (vgl. Adv. Arium I, 41). Was als Wort erscheint, hat seinen Grund im

Schweigen: »apparentia(e) ... actus, si silentium deus est, verbum dicitur, in eo quod est silentium est tacens verbum«. Adv. Arium III, 7.

46 Zum »magnum opus et arduum« vgl. Civ. 1 (Praef.). Die »civitas dei« ist ›Bürgerschaft‹: »res populi«. Vgl. Civ. 2, 21.

47 Vgl. Civ. 1, 35-36; 2, 2-4; 10, 32; Retract. II, 43, 1-2.

48 Doch weist Augustins Geschichtsbetrachtung in *De civitate dei* auf das Paradigma neuzeitlicher Geschichtsphilosophie – Giovanni Battista Vicos *Principi di una scienza nuova d'intorno alla communa natura delle nazioni (Prinzipien einer neuen Wissenschaft über die gemeinsame Natur der Völker,* übers. v. V. Hösle u. Chr. Jermann, Hamburg 1990) – voraus. Vico wird sich auf Augustins Unterscheidung zwischen »poetischer (mythischer), philosophischer (natürlicher) und staatsrechtlicher (ziviler) Theologie« (vgl. Civ. 4, 27; 6, 5; 6, 12) berufen können.

49 K. Löwith – *Weltgeschichte und Heilsgeschehen,* Stuttgart 1953 – unterstellte Augustin eine ›lineare‹ Geschichtsauffassung. E.A. Schmidt kritisiert diese Unterstellung zu Recht, vgl. *Zeit und Geschichte bei Augustin,* Heidelberg 1985.

50 Natürlich soll beim Verständnis der ›Apologie der civitas dei‹ als einer ›Apologie der Kritik‹ nicht verschwiegen werden, daß Augustin der erste Kirchenvater war, der in Sachen religiöser Dinge die staatliche Macht bemühte. Ebensowenig die gleichsam fundamentalistische Unduldsamkeit, die Civ. 10, 32 durchdringt: Ohne die christliche Religion ›wurde niemand befreit, wird niemand befreit und wird niemand befreit werden‹.

51 Vgl. dazu E. Bloch, *Das Prinzip Hoffnung,* Frankfurt/M. 1959. Bloch beruft sich mehrfach auf Augustins Geschichtsbetrachtung in *De civitate dei.* Vgl. ebenda, S. 582 ff., S. 1000 ff.

52 Gewiß taucht das Motiv der Rechtfertigung der geschichtlichen Malaise durch den Glauben an eine ›im Ganzen gütige Vorsehung‹ in *De civitate dei* auch auf, etwa wenn es heißt, daß ›manches in der Schöpfung nur deshalb mißfalle, weil man das Ganze nicht kenne‹. Vgl. Civ. 16, 8. Es handelt sich bei dieser ästhetisierenden Theodizee (vgl. z.B. auch Civ. 11, 18; 11, 23; 11, 29; 12, 4-5) um einen Nachklang der harmonisierenden Weltsicht des ›Platonikers‹ Augustin, der in *De musica* von einem harmonischen ›Lied der Gesamtheit der Welt‹, einem »carmen universitatis« (De mus. VI, 11, 29) spricht. Diese ›ästhetisch rechtfertigende‹ Weltsicht einer ›insgesamt gütigen‹

Weltordnung (vgl. Conf. VII, 13, 19) ist Augustin zugrundegegangen (vgl. Kap. 2).

53 Dieses, wenn man so will, epikuräische – vgl. Conf. VI, 16, 26 – Denkmotiv formuliert Augustin bereits in *De vera religione.* Er hält unter Berufung auf Psalm 46, 11 fest, daß den ›elenden Freunden dieser Welt nichts mühsamer erscheint, als nicht zu arbeiten‹: »nihil eis sit laboriosius quam non laborare.« De vera rel. 35, 65. Der Vielgeschäftigkeit einer ontologisierten Not der Arbeit hält Augustin die ›Ruhe des Denkens‹ entgegen. ›Ruhe‹ und ›Stille‹ sind Weisen innergeschichtlicher (›vorendzeitlicher‹) Gotteserkenntnis. Sie entsprechen dem »Sorge nicht« von Matth. 6, 25-34. Die ›Ruhe der Stille‹ wird ›gegen die Vielgeschäftigen verkündet‹. Vgl. En. in Ps. 70, I, 18. Augustin kommt auf das »Vacate et videte quoniam ego sum Deus« am Ende der Geschichtsbetrachtung in *De civitate dei* zurück. Dort denkt er die Ruhe der Stille als Ermöglichungsgrund ›präsentischer Eschatologie‹ (vgl. Kap. 5.3).

54 Die Sehnsucht nach einer Resurrektion auch des Leibes ist ein im Kern ›materialistisches‹ Denkmotiv. Vgl. T.W. Adorno, *Negative Dialektik,* Frankfurt/M. 1966, S. 205. Die Paradoxie dieser Sehnsucht – des Wissens der Unmöglichkeit ihrer Erfüllung – unterscheidet die christliche Hoffnung auf Unsterblichkeit von deren (platonischem) Denken. Vgl. Civ. 10, 29; 22, 25-28.

55 Gerade Augustin hat das mit allem Pathos betont. Das Leben ist ein ›Lauf zum Tod‹ (»cursus ad mortem«, Civ. 13, 10). Einzig ›der Tod ist auf dieser Erde gewiß. Geboren bist du; sicher ist, daß du sterben wirst‹, heißt in der Enarratio in Ps. 38, 19. Zur Rezeption dieses Gedankens des ›Vorlaufens in den Tod‹ vgl. M. Heidegger, *Sein und Zeit,* § 46-53.

56 Zum Glauben an die exemplarische Menschwerdung Gottes in Christus vgl. z.B. Conf. X, 43, 68; En. in Ps. 70, II, 10.

57 »Das ist eine Art Transzendenz, die, wenn sie im Menschen durchgebrochen ist, zugleich gegen Augustins Abrede, den Willen erregt, selber den Durchbruch vollzogen zu haben.« Bloch (Anm. 51), S. 590.

58 Erinnerung ist die Kategorie des Messianischen. »Das Eingedenken ... entzaubert die Zukunft, der die Magie hörig ist. Aber sie macht sie darum doch nicht zur leeren Zeit. Sondern ... jede Sekunde (ist) die kleine Pforte, durch die der Messias treten kann. Die Angel, in welcher sie sich bewegt, ist das Eingeden-

ken.« W. Benjamin, Über den Begriff der Geschichte (Anmerkungen), in: *Ges. Schriften I,* 3, Frankfurt/M. 1974, S. 1252. Das Festhalten am Anspruch des Glücks wie das Denken der Erinnerung verbinden – der Gebrauch der ›Siebenmeilenstiefel des Begriffs‹ sei an dieser Stelle erlaubt – Benjamin mit Augustin. »Die Ordnung des Profanen hat sich aufzurichten an der Ordnung des Glücks.« Ders., Theologisch-politisches Fragment, in: *Ges. Schriften II,* 1, Frankfurt/M. 1977, S. 203.

59 »Insofern ließe sich sagen, der Fortschritt ereigne sich dort, wo er endet.« (T.W. Adorno, Fortschritt, in: *Stichworte. Kritische Modelle 2,* Frankfurt/M. 1969, S. 37.

60 »Es ist eine unheimliche Atmosphäre ... der Verschleierungen und Umkehrungen, die durch die christlichen Gehalte wie keine andere gehen. Augustin hat sie als erster durchschaut.« K. Jaspers, *Augustin,* München 1976, S. 84.

61 Zur Apologie der Gewaltlosigkeit vgl. De vera rel. 16, 30 und zur Zurücknahme dieser Apologie der Gewaltlosigkeit vgl. Retract. I, 13, 6. Zur Kritik an der Wundergläubigkeit, derer die christliche Religion nicht mehr bedürfe, da sie sich von religiösen Kulten unterscheide, vgl. De vera rel. 25, 47 und Conf. X, 35, 55. Zur Wiederkehr der Wundergläubigkeit vgl. Retract. I, 13, 7 und De civitate dei 21, 1-11; 22, 5; 22, 8.

62 Vgl. Anselm v. Canterbury, *Monologion,* Kap. 1, hg. v. F.S. Schmitt, Stuttgart 1964, S. 40; *Proslogion,* Prooem., hg. v. F.S. Schmitt, Stuttgart 1962, S. 70.

63 Vgl. z.B. De trin. III, 8, 18; V, 4, 5; 5, 6; 8, 9; V, 11, 12; 13, 14; VII, 1, 2; 3, 4 sowie die Bücher V und VII von *De trinitate* insgesamt.

64 Johannes Scottus Eriugena, *Periphyseon (De divisione naturae)* I, hg. v. I.P. Sheldon-Williams/L. Bieler, Dublin 1968, S. 104.

65 »Est igitur natura generale nomen ... omnium quae sunt et quae non sunt«. Ebenda, S. 36.

66 Ebenda, S. 208.

67 Augustins Trinitätsspekulation ist nicht nur vom Wort ›Spekulation‹ her der Ausgangspunkt für jenes ›in seinen Grund gehende‹ Denken, das Hegel das spekulative nennt. Im spekulativen Denken erfüllt sich die Selbstreflexion der Trinität.

68 Vgl. Johannes Tauler, *Predigten,* hg. v. F. Vetter, Dublin/Zürich 1968, S. 401.

69 Vgl. »Vir meus servus tuus«, in: Meister Eckhart, *Werke,* hg. u. komm. v. N. Largier, Frankfurt/M. 1993, Bd. I, S. 398, S. 402.

70 Meister Eckhart, *Werke,* Bd. II, a.a.O., S. 480.

71 »Veritas autem ad intellectum pertinet ... includens relationem. Relatio autem totum suum esse habet ab anima et ut sic est praedicamentum reale, sicut quamvis tempus suum esse habet ab anima, nihilominus est species quantitatis realis praedicamenti.« Ebenda, S. 544.

72 Ebenda, S. 128.

73 Ebenda, S. 104-106. Die Grundeinsicht des von Augustin herrührenden Denkens präsentischer Eschatologie hat Johannes Scottus Eriugena formuliert. ›Alles ist nämlich im Augenblick (des Auges) gemacht‹ – »Omnia enim in momento oculi facta sunt.« *Periphyseon (De divisione naturae)* III, hg. v. I.P. Sheldon-Williams/L. Bieler, Dublin 1981, S. 210.

74 Präsentische Eschatologie bedeutet, daß jeder der »gelebten Augenblicke ... zu einer citation à l'ordre du jour (wird) – welcher Tag eben der jüngste ist.« Benjamin, Über den Begriff der Geschichte (Anm. 58), S. 694.

75 Zum ›Heute‹ als der ›Ewigkeit Gottes‹ vgl. Johannes Tauler, *Predigten,* I/II, übertr. u. hg. v. G. Hofmann, Einsiedeln [3]1987, 527; zur ›wahren Gelassenheit‹ als einem ›Lassen des Lassens‹ ebda., 171; zum ›Nun‹ der Ewigkeit ebenda, S. 560 f., 294.

76 Vgl. die Predigt über »Puer natus est nobis«, ebenda, S. 16. Die Stelle bei Augustin, auf die sich Tauler beruft, lautet: »avertere, ut convertaris; *funde,* ut implearis.« En. in Ps. 30, II, s. III, 11. Vgl. auch Conf. III, 6, 11; IV, 12, 18.

77 Zu der Rede für die ›Lebemeister‹ vgl. Tauler (Anm. 75), S. 389; zur ›Gelassenheit in der Ungelassenheit‹, ebenda, S. 227, 556; zur ›Alltäglichkeit präsentischer Eschatologie, die ›Auferstehung‹ zur Endlichkeit bedeutet, ebenda, S. 14, 294, 306, 361, 363, 567.

78 Meister Eckhart, Predigt über »Qui audit me«, in: *Werke,* Bd. I, a.a.O., 148.

79 Nikolaus v. Kues, *De visione Dei* X, in: *Philosophisch-Theologische Schriften I-III,* Lat.-Dt., hg. u. eingef. v. L. Gabriel, übers. u. komm. v. D. u. W. Dupré, Wien [2]1982, Bd. III, 134.

80 L. Wittgenstein, *Logisch-Philosophische Abhandlung* (Tractatus), in: Werkausgabe Bd. I, S. 85.

Literatur

Schriften von Augustinus

De civitate dei, hg. v. B. Dombart/A. Kalb (=CCL 47/48), Turnhout 1955

Confessiones, hg. v. L. Verheijen (=CCL 27), Turnhout 1981

Enarrationes in Psalmos, hg. v. E. Dekkers/J. Fraipont (=CCL 38/39/40), Turnhout 1956 ND 1990

De trinitate, hg. v. W.J. Mountain/Fr. Glorie (=CCL 50/50A), Turnhout 1968

De vera religione, hg. v. Kl. D. Daur (=CCL 32) Turnhout 1962

Übersetzungen

Vom Gottesstaat, übers. v. W. Thimme, mit einer Einf. v. C. Andresen, München 1977

Bekenntnisse, eingel., übers. u. erl. v. J. Bernhart, München 1955 (= mit einem Vorw. v. E.L. Grasmück, Frankfurt/M. 1987)

Über die Psalmen, ausgew. u. übertr. v. H.U.v. Balthasar, Einsiedeln ^{2}1983

Des Heiligen Kirchenvaters Aurelius Augustinus Fünfzehn Bücher über die Dreieinigkeit, übers. v. M. Schmaus, München 1935/36

Von der wahren Religion, in: Theologische Frühschriften, übers. u. erl. v. W. Thimme, Zürich 1962 (= mit einem Nachwort v. K. Flasch, Stuttgart 1983)

Schriften über Augustinus

T.W. Adorno, Fortschritt, in: *Stichworte. Kritische Modelle 2*, Frankfurt/M. 1969.

Adornos Essay ist zwar keine Monographie zu Augustin. Aber er trifft den entscheidenden Punkt der Ambivalenz des Geschichtsdenkens in *De civitate dei*, dessen »Größe die des Zum ersten Mal« ist und das den »antinomischen Charakter von Fortschritt zum ungemilderten Ausdruck« bringt.

P. Brown, *Augustinus von Hippo*, übers. v. J. Bernard, München 1973.

Ausgezeichnete Biographie. Brown gibt einen umfassenden Überblick über den soziokulturellen und ideengeschichtlichen Kontext der Anfänge und der Entwicklung Augustins.

K. Flasch, *Augustin – Eine Einführung in sein Denken*, Stuttgart, 1980, ³1994.

Flaschs Einführung in Augustins Denken stellt dessen Werk in seinem historischen Kontext dar und bietet einen informativen Gesamtüberblick. Zu Recht widersetzt sich Flasch einer »aktualisierenden Beschneidung«. Doch fehlt es der Analyse bisweilen an ›Tiefenschärfe‹ im Hinblick auf die Fragen Augustins, die ›beunruhigend‹ geblieben sind. Das nicht zuletzt ist der Anlaß der vorliegenden Einführung.

–, Einleitung und Erklärung zu: *Logik des Schreckens. Augustinus von Hippo. Die Gnadenlehre von 397*, Lat.-Dt., übers. v. W. Schäfer, Mainz 1990

Dem Kommentar der ›Logik des Schreckens‹ gebührt das Verdienst, beschwichtigenden Interpretationen der Rigidität von Augustins Denken in diesem Punkt entgegenzutreten. Die ›Gnaden- und Prädestinationslehre‹ läßt sich nicht restituieren. Trotzdem gilt es – in zweiter Reflexion des von Flasch geschilderten Schreckensszenariums –, sie als Erfahrung des Denkens zu lesen.

–, *Was ist Zeit? Augustinus von Hippo. Das XI. Buch der Confessiones. Text-Übesetzung-Kommentar*, Frankfurt/M. 1993.

Die ›historisch-philosophische Studie‹ zum XI. Buch der *Confessiones* faßt in relativ kompakter Weise die Traditionsbezüge von Augustins Analyse der Ewigkeit und Zeit – im Rückblick sowohl auf die antiken Zeittheorien wie im Vorblick auf die zeittheoretischen Diskussionen im Mittelalter – zusammen. Das

›Beunruhigende‹ von Augustins Zeittheorie in Buch XI der *Confessiones* selbst wird dem buchstäblich verstandenen Schrecken der Gnadenlehre geopfert.

E. Gilson, *Der Heilige Augustinus – Eine Einführung in seine Lehre,* Breslau 1930 (Übers. v. [1]1929).
Eine klassische Interpretation, in der eine ›einheitliche‹ Denkwelt Augustins vorgestellt wird. Im Hinblick auf diese Klassizität und (katholisch-thomistische) Einheitlichkeit zwar überholt, aber als Übersicht informativ.

M. Heidegger, *Augustinus und der Neuplatonismus,* hg. v. C. Strube, in Gesamtausgabe Bd. 60, Frankfurt/M. 1995.
Diese Vorlesung läßt deutlich werden, wie sehr Heideggers Denken Augustin verpflichtet ist. Die Begriffe der ›Sorge‹ sowohl wie das Existenzial des ›Vorlaufens in den Tod‹ in Heideggers Hauptwerk *Sein und Zeit* verdanken sich nicht nur terminologisch Augustin.

K. Jaspers, *Augustin,* München 1976.
Wenn auch stark durch Jaspers eigene Begrifflichkeit gefiltert, so wird doch die Gegensätzlichkeit der Denkmotive Augustins quasi existentiell erschlossen.

J. Kreuzer, *PULCHRITUDO – Vom Erkennen Gottes bei Augustin. Bemerkungen zu den Büchern IX, X und XI der Confessiones,* München 1995.
Umfassende Erläuterung von Augustins Denkmotiv der Lehre der Schönheit als Gotteserkenntnis. Beim Grund ›ästhetischer Erfahrung geht es um das *Denken der Erinnerung,* das Erkennen der *Ewigkeit in der Zeit* – Augustins Frage nach der Zeit wird mit der notwendigen Trennschärfe kommentiert – und um die Zusammengehörigkeit von *Sprache und Schweigen.*

K. Löwith, *Weltgeschichte und Heilsgeschehen,* Stuttgart [5]1967.
Fast schon redensartlich geworden ist die Gegenüberstellung von ›antik-zyklischer‹ und ›christlich-linearer‹ Geschichtsvorstellung, bei der sich Löwith auf Augustin beruft. Diese Gegenüberstellung wird Augustin nicht gerecht – und auch nicht der Tradition (Hegel, Marx), die mit der Kritik an Augustin kritisiert werden soll.

M. Schmaus, *Die psychologische Trinitätslehre des heiligen Augustinus,* Münster 1927 ND 1967.
Immer noch grundlegende – und ohne Nachfolge gebliebene – Darstellung des ›Mysteriums‹ der Trinität. Das Adjektiv ›psy-

chologisch‹ ist – ebenso wie beim angeblich ›psychologischen‹ Zeitbegriff Augustins – mißverständlich. Das Denken der Trinität ist eine nicht-ontologische Theorie des Geistes – es ist transzendental quasi avant-la-lettre.

Zeittafel

13.11.354	Aurelius Augustinus in Thagaste, Numidien (heute Souk Ahras, Algerien) geboren
bis 373	Schulzeit und Studium in Nordafrika (Thagaste, Madaura und Karthago)
373	Lektüre von Ciceros *Hortensius*, Geburt des Sohnes Adeodatus (seit 371 Konkubinat), Beginn der manichäischen Denkphase (»auditor«)
374/75	Rhetoriklehrer in Thagaste, Karthago
380	erstes Buch *De pulchro et apto* (nicht erhalten)
383	Gespräch mit Faustus von Mileve: Entfremdung von den Manichäern, Reise nach Rom (die Mutter folgt)
384	Ernennung zum Rhetoriklehrer in Mailand, Begegnung mit Ambrosius
386	Lektüre der »Bücher der Platoniker«, ›Bekehrung‹ (Ende August), Rückzug nach Cassiciacum
387	Rückkehr nach Mailand, zusammen mit dem Sohn Taufe (an Ostern), Tod der Mutter in Ostia
388	Tod des Sohnes, Rückkehr nach Afrika
391	Theodosius erhebt das Christentum zur Staatsreligion. Augustinus geht nach Hippo regius, Priesterweihe
391-400	Schriften gegen die Manichäer
392	Debatte in Hippo mit Fortunatus (die ersten 32 Psalmkommentare entstanden, die restlichen bis 420)
395	Teilung des röm. Reiches. Augustinus Bischof von Hippo
396	Quaestio I, 2 ad Simplicianum (›Gnadenlehre‹)
397-401	*Confessiones*
399-419	*De trinitate*
400-412	Schriften gegen die Donatisten

406	Vandaleneinfall in Gallien
14.8.410	Eroberung Roms durch die Westgoten unter Alarich
411	Augustin predigt regelmäßig gegen die Donatisten, Synode in Karthago, Verurteilung der Donatisten
412	Edikt gegen die Donatisten
ab 412	Antipelagianische Schriften (Prädestinationslehre)
413-427	*De civitate dei*
416	Verurteilung von Pelagius und Caelestius in Mileve
426	Augustinus ernennt Eraclius zum Nachfolger
430	Verwüstung Numidiens durch die Vandalen
28.8.430	während der Belagerung von Hippo Tod Augustins